本书受国家自然科学基金项目《区域产业发展对生态环境的影响机理与调控政策研究：以鄱阳湖生态经济区为例》（项目号：71463020）资助

基于企业能力的农业企业生态化成长研究

——以鄱阳湖生态经济区为例

王 鑫 著

中国财经出版传媒集团

经济科学出版社

Economic Science Press

图书在版编目（CIP）数据

基于企业能力的农业企业生态化成长研究：以鄱阳湖生态
经济区为例/王鑫著 . —北京：经济科学出版社，2017. 12
　ISBN 978 - 7 - 5141 - 8815 - 8

　Ⅰ . ①基… 　Ⅱ . ①王… 　Ⅲ . ①鄱阳湖 - 生态农业建设 -
研究　Ⅳ . ①F327. 56

　中国版本图书馆 CIP 数据核字（2017）第 305769 号

责任编辑：赵泽蓬
责任校对：隗立娜
责任印制：邱　天

基于企业能力的农业企业生态化成长研究

——以鄱阳湖生态经济区为例

王　鑫　著

经济科学出版社出版、发行　新华书店经销
社址：北京市海淀区阜成路甲 28 号　邮编：100142
总编部电话：010 - 88191217　发行部电话：010 - 88191522
网址：www. esp. com. cn
电子邮件：esp@ esp. com. cn
天猫网店：经济科学出版社旗舰店
网址：http：//jjkxcbs. tmall. com
北京财经印刷厂印装
710 × 1000　16 开　13 印张　260000 字
2017 年 12 月第 1 版　2017 年 12 月第 1 次印刷
ISBN 978 - 7 - 5141 - 8815 - 8　定价：36. 00 元
（图书出现印装问题，本社负责调换。电话：**010 - 88191510**）
（**版权所有　侵权必究　举报电话：010 - 88191586**
电子邮箱：**dbts@ esp. com. cn**）

目　　录

第 1 章

导　　论

本章将讨论以下几个方面的问题：一是本书的研究背景、意义及目的；二是研究的主要内容和结构安排；三是研究方法和技术路线；四是主要创新点。通过本章的分析，明确本书研究主题的价值和意义，确定研究的思路、方法和主要内容，提出本书可能出现的主要创新点。

1.1　研究的背景、意义及目的

1.1.1　研究背景

农业是国民经济的基础，是人类社会的衣食之源、生存之本。中国作为传统的农业大国，"三农"问题在国家的发展历程中始终占据着举足轻重的地位，党和政府对于农业发展也一直给予了高度重视。1982～1986年，中央连续发布了"五个一号文件"对"三农"问题作出重要部署，2004～2015年，中央又连续12年发布关注"三农"的"一号文件"，对经济社会转型过程中农村改革、农业发展和农民增收等问题提出了指导意见。其中，2014年1月中共中央在发布的一号文件《中共中央国务院关于全面深化农村改革加快推进农业现代化的若干意见》中指出，要"坚持农业基础地位不动摇，加快推进农业现代化"，要"以解决好地怎么种为导向加快构建新型农业经营体系，以解决好地少水缺的资源环境约束为导向深入推进农业发展方式转变，以满足吃得好吃得安全为导向大力发展优质安全农产品，努力走出一条生产技术先进、经营规模适度、市场竞争力强、生态环境可持续的中国特色新型农业现代化道路"，并在 2015 的中央一号文件中再次强调了"产出高效、产品安全、资源节约、环境友好"的现代农业发展道路。

（1）农业产业化是中国特色新型农业现代化的必由之路。

农业产业化是农业相关联产业一体化、市场化、集约化、高效益的农业生产经营方式（梁荣，1997），是传统农业通向现代化农业的桥梁和纽带。农业产业化对农业现代化的促进作用主要表现在：第一，农业产业化经营有利于把农户分散的小规模生产连结起来，实现大规模的现代化生产方式，从而使得我国农业逐步形成生产和经营的规模效应；第二，农业产业化的组织形式有利于形成生产、加工、销售的有机产业链条，引导农民和农产品顺利进入市场；第三，农业产业化经营有利于现代科技成果和科学管理知识、管理思想等广泛应用于农业，不断提高农业生产经营的现代化程度，提升农业产业竞争力。因此，可以说，农业产业化经营是农业现代化的必由之路。我国的农业产业化是在我国农村改革和市场经济改革不断深化过程中产生和发展起来的，是我国农业经营体制的重大创新，自 20 世纪 80 年代末以来，我国农业产业化经营大致经历了三个阶段，即 20 世纪 80 年代中期 ~ 90 年代中期的自发探索阶段，90 年代中期至末期的快速发展阶段，以及进入 21 世纪以来的创新提高阶段。

（2）农业企业是中国特色新型农业现代化的关键环节。

农业企业一头连着国内外市场，一头连着农村的千家万户，在繁荣农村经济、带动农民就业和增收、创新农业经营体制等方面都起着至关重要的作用，特别是农业龙头企业，被认为是农业产业化经营的核心和关键，同时也是中国特色新型农业现代化的关键环节。农业企业在农业产业化经营和现代农业发展中的重要作用主要体现在以下几个方面：第一，农业企业是传统农业和市场连接的重要枢纽。农业企业在传统农业和市场之间起着枢纽的作用，通过农业企业可以实现各部门、各行业的结合，把生产、加工、销售融为一体，形成按市场需求配置资源的机制，给农业注入了新的活力。第二，农业企业有利于提高农业的组织化和规模化程度。通过农业企业现代的组织形式，把千家万户的小生产组织起来共同应对市场需求的变化，提高了农业的组织化和规模化程度，增强了农民参与竞争和抵御市场风险的能力。第三，农业企业有利于农业科技进步，转变农业发展方式。农业企业代表了先进的农业生产力，是农业科技创新和应用的重要主体，从国际范围来看，发达国家主要的农业应用型科技创新成果都来自农业企业，农业企业已经成为引导农业科技创新最富活力和生命力的组织（杜金沛，2011）。通过充分发挥其释放、辐射和转化功能，农业企业可以解决传统分散生产状态下难以解决的技术难题，带动农户运用先进的科学技术，大幅度提高农业生产效率，同时，农业企业大规模的现代化生产方式对农户家庭生产经营活动提出了更高的要求，促使农民提高自身素质，加强经济核算，降低生产成本，改进产品质量，最大限度地提高经济效益，推动整个农业逐步走上依靠科技、内涵发展的道路。第四，农业企业有利于提高农民收入，带动农村经济发展。农业企业通过利益共享和分配机制可以使农民不仅获得了生产环节的收益，而且能够分享加工、流通环节的利润，提高了农户的收入水平。同时通过拉长农业产业链，提高了农产品的附加值在提高农业效益的同时带动更多就业，促进农村经济的繁荣。目前，我国已经形成了以国家重点农业龙头企业为核心，省级农业龙头企业为骨干，众多中小农业企业为基础的多层次发展格局，涵盖了农产品生产、加工、流通等环节，在促进农业发展、带动农民增收、保障农产品供给、维护市场稳定等诸多方面起着越来越为重要的作用。

（3）农业企业生态化成长是中国特色新型农业现代化的必然要求。

在过去30多年的时间里，伴随我国农业经济的迅速发展，由于农药、化肥的大量使用和非生态化的农业生产经营方式造成了我国农业生态环境恶化和资源短缺问题日趋严重。在农业环境污染方面，目前我国畜禽养殖业的废水、废气和废渣等污染排放已占到全国总排放的50%，2010年，农业源排放的化学需氧量约占化学需氧量排放总量的 43.7%，总氮和总磷排放量分别约占排放总量的 57% 和 67%。农药和化肥的大量使用导致全国 10% 以上的耕地遭受污染，我国平均每公顷耕地使用农药 15 公斤，高出发达国家 1 倍，在土壤中的残留量高达 50% ~ 60%，而每年化肥施用占世界总量的 30%，化肥用量 60 年增加了近百倍，用量是发达国家上限的 2 倍。在耕地资源方面，截至 2012 年，我国耕地保有量为 18.2 亿亩，人均不足 1.43 亩，仅为世界人均水平的 1/4，而且耕地质量也有所下降，耕地土壤有机质含量仅为 1.8%，比欧洲同类土壤低 1.5 个 ~ 3 个百分点，年均沙化面积 2460 平方公里，沙化土地总面积达 174.3 万平方公里；森林资源方面，根据第六次全国森林详查的数据，目前我国森林覆盖率只有 20.3%，人均占有林地量仅为世界人均量的 1/7，而森林覆盖率低和植被减少导致水土大量流失，水土流失面积达 367 万平方公里，占国土总面积的 1/3；水资源方面，我国是世界上 13 个贫水国之一，人均水资源占有量 2200 立方米，仅为世界人均水平的 1/4，正常年份全国缺水量接近 400 亿立方米，其中农业缺水达到 300 亿立方米，占总缺水量的 3/4（赫修贵，2014）。

农业生态环境的污染对农业赖以发展的生态与环境基础构成了巨大威胁，在这样的背景下，2012 年，党大十八大报告提出要"大力推进生态文明建设"，指出"建设生态文明，是关系人民福祉、关乎民族未来的长远大计"。农业生态文明是我国农业经济发展过程中不可或缺的重要部分，生态环境可持续是生态文明在农业发展中的集中体现。随着农业企业在我国农业产业化和现代农业发展中扮演着越来越重要的角色，其成长战略和成长方式的选择很大程度上决定了我国农业发展的方向。中国特色新型农业现代化道路的提出为我国农业企业的成长指明了方向，同时也提出了新的要求，即要求农业企业在实现自身成长的同时要保持与自然生态环境的和谐关系，实现农业企业和自然生态环境的可持续发展。企业生态化成长正是这样一种成长方式，它不同于传统的依赖于资源大量消耗和对生态环境破坏事后治理的成长方式，而是一开始便着眼于提高企业投入产出的物质和能量转换效率，通过生态化设计、生态化管理和生态化创新等手段从根本上消除污染根源的新型成长方式。通过实施生态化成长,不仅可以使农业企业在竞争中获得持续的竞争优势,还可以实现自然生态环境的可持续发展,因此,农业企业生态化成长是中国特色新型农业现代化的必然要求。

鉴于农业企业在农业产业化和农业现代化中的关键作用,在大力推进农业生态文明的大背景下,本书以农业企业生态化成长作为研究主题,基于企业能力相关理论探讨农业企业生态化成长的内在机理和影响因素,具有重要的理论和现实意义。

1.1.2 研究意义

(1)研究的理论意义。

目前对于企业生态化的研究还处于起步阶段,研究内容主要还停留在内涵的界定、动因分析以及与企业绩效的相关关系上,而对企业生态化与企业成长之间的内在联系与作用机理的研究存在明显不足,针对某一具体行业的研究更是少之又少。本书在对现有研究进行系统梳理的基础上,将企业成长、企业能力相关理论引入企业生态化的研究,基于企业能力理论对企业生态化与企业成长之间的内在联系进行了较为深入的分析,提出了企业生态化成长的概念并结合农业企业的组织运行特点构建了农业企业生态化成长的能力体系,对其构成要素的维度和各要素之间的关系以及与农业企业生态化成长绩效之间的关系进行深入剖析及实证检验,对丰富企业成长理论、企业能力理论和企业生态化的研究,深化对农业企业成长规律的认识都具有深刻的理论意义。

(2)研究的现实意义。

农业产业化是现代农业发展的方向和必然趋势,而农业企业是构建现代农业产业体系的重要主体和载体,是推进农业产业化经营的关键。改革开放以来,我国农业企业得到快速的发展,但从整体上看,仍然存在农业产业化程度不高,企业规模偏小、从事初加工产品的企业多,精加工产品的企业少,企业的技术创新能力不强、市场开拓意识差等问题,特别是在国内外对可持续发展形成广泛共识的大背景下，保护生态环境、大力发展生态农业是建设现代农业、实现农业可持续发展的必然要求，而实现农业企业的生态化成长是建设现代农业、推进农业可持续发展的重要途径，因此，本研究基于企业能力的角度对农业企业生态化成长相关问题进行深入、系统的研究，对准确把握农业生态化成长内在规律和关键影响因素，从而指导农业企业实现健康、可持续发展具有非常重要的现实意义。

1.1.3　研究目的

本书的主要研究目的在于借鉴国内外有关企业生态化、企业成长和企业能力研究成果的基础上围绕企业生态化成长这一核心概念，把农业企业这一企业类型作为研究对象，结合农业企业的基本特征构建基于企业能力的农业企业生态化成长分析框架，对农业企业生态化成长的能力要素、维度构成、内在联系以及与生态化成长绩效之间的关系进行深入剖析，构建基于企业能力的农业企业生态化成长的理论模型，并以鄱阳湖生态经济区的农业企业为样本进行实证检验，在理论分析和实证检验的基础上提出促进农业企业生态化成长的策略和政策建议，从而为培育和提升农业企业的生态化成长能力，促进农业企业生态化成长提供科学的理论依据与实践指导。本书拟解决以下几个主要问题：

（1）在对企业生态化成长的内涵进行科学界定的基础上结合农业企业的组织特征识别和分析影响农业企业生态化成长的核心要素。

（2）基于企业能力的角度构建农业企业生态化成长的能力体系，并探明农业企业生态化成长各能力要素对其生态化成长的作用关系。

（3）建立基于企业能力的农业企业生态化成长理论模型，并对其进行实证检验。

（4）从能力提升的角度提出促进农业企业生态化成长的策略和政策建议。

1.2　研究内容与结构安排

本研究共分为 8 章，其中第 1 章为导论，第 2 章为文献综述，第 3、4 章为理论分析部分，第 5、第 6 章为实证分析部分，第 7 章为策略分析部分，第 8 章为结论与展望。各章节内容具体如下：

第 1 章，导论。介绍本研究的研究背景和研究意义，阐述研究目的和主要研究内容，确定本研究的技术路线和研究方法，概括本研究主要的创新点。

第 2 章，文献综述。从农业企业、企业生态化、企业成长和企业能力四个方面对相关研究的研究现状进行综述和简要的述评。

第 3 章，农业企业生态化成长的理论分析。在对企业生态化成长的内涵进行界定的基础上，结合农业企业的组织特征对农业企业实施生态化成长的必要性、特点和核心要素进行分析。

第 4 章，企业能力与农业企业生态化成长。讨论了企业能力与企业生态化成长关系，构建了农业企业生态化成长能力体系，并对农业企业生态化成长能力与其生态化成长之间的关系进行了理论分析。

第 5 章，研究假设和理论模型的建构。在前面两章理论分析基础上，提出了本书的研究假设，构建了农业企业生态化成长的理论模型，并开发和设计了各变量的测量量表，进行了探索性因子分析。

第 6 章，理论模型的实证检验。通过正式问卷调查所获得的数据对测量量表进行了信度检验和验证性因子分析，在此基础上对第 5 章构建的农业企业生态化成长理论模型及一系列研究假进行实证检验。

第 7 章，促进农业企业生态化成长的策略和政策建议。在前面理论分析与实证检验的基础上，从提升农业企业生态化成长能力的角度提出了促进农业企业生态化成长策略和政策建议。

第 8 章，结论与展望。对本书进行总结，归纳出结论性观点，指出本书存在的主要不足和存在的局限性，并提出了今后需要进一步深入研究的问题。

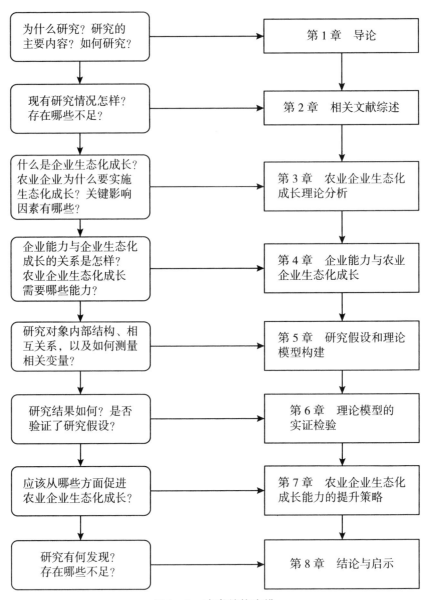

图 1-1 本书结构安排

1.3　研究方法和技术路线

1.3.1　研究方法

企业能力视角下的农业企业生态化成长研究，既是一个理论性的问题，也是一个实践操作性很强的问题，基于研究问题的复杂性，需要使用多种研究方法相结合才有可能对所研究的问题给予一个有理有据的解释，并具有良好的实践指导意义。

（1）归纳研究与演绎研究相结合。在理论研究中，通过广泛搜集、阅读国内外关于农业企业发展、企业生态化、企业成长以及企业能力理论的现有研究成果，追踪最新研究动态，归纳借鉴其中理论研究成果并结合所学知识作进一步的探讨和拓展，形成本研究的研究主题和研究体系。在对农业企业生态化成长相关概念科学界定的基础上，结合企业能力理论和农业企业的组织特征，运用逻辑演绎的方法对农业企业生态化成长能力的构成维度进行剖析，为农业企业生态化成长理论模型构建提供了理论依据。

（2）规范研究与实证研究相结合。本书首先运用规范研究方法，从相关理论和概念入手，对农业企业生态化成长内涵、必要性、关键因素、能力基础及作用机制进行规范分析和阐述。同时，在规范研究的基础上，本书还运用了实证研究方法对农业企业生态化成长能力的基本结构、影响因素及与其生态化成长绩效之间的关系进行了实证检验，采用了规范研究和实证研究相结合的研究方法。

（3）文献研究与实地调研相结合。为了充分利用前人已有的研究成果，从而获得理论上的支持和指导，本书围绕研究主题进行了大量的文献收集、阅读和整理工作，同时，为了使理论分析能够真实地反映农业企业现实状况，在论文撰写之初先后深入南昌和景德镇地区的 12 家不同类型的农业企业以及相关的政府部门进行实地调研和访谈，文献研究与实地调研相结合的方法使得本书更加具有实践指导意义。

1.3.2 研究的技术路线

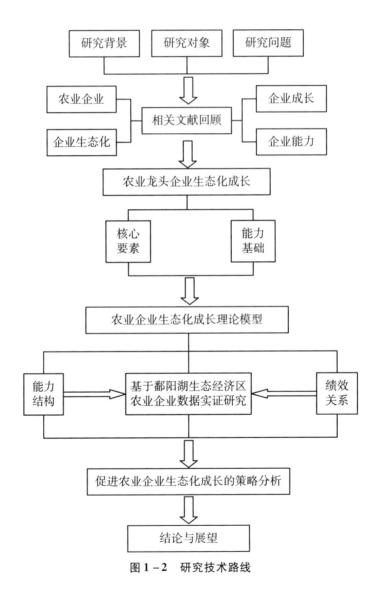

图1-2 研究技术路线

1.4　主要的创新点

本书主要创新点在于以下几个方面：

第一，在对企业生态化、企业成长相关研究进行梳理的基础上，将企业生态化与企业成长的研究相结合，提出了企业生态化成长的概念，并将企业能力引入到企业生态化成长研究之中，建立了基于企业能力的企业生态化成长分析框架，不仅丰富了现有企业生态化和企业成长的研究，而且拓展了企业能力理论的研究领域，为今后的相关研究奠定了理论基础。

第二，把农业企业作为独立的研究对象，在对其组织特征和生态化成长的特点进行分析的基础上，从战略、网络和创新三个方面探讨了农业企业生态化成长的核心要素，构建了农业企业生态化成长的能力体系，探明了各能力要素的维度构成。本书的分析表明，农业企业生态化成长能力包括生态化战略能力、生态化网络能力和生态化战略能力 3 个能力要素，其中生态化战略能力包含生态化战略洞察能力、生态化战略匹配能力和生态化战略制定能力 3 个维度；生态化网络能力包含生态化网络关系能力和生态化网络资源整合能力 2 个维度；生态化创新能力包含生态化技术创新能力和生态化创新支持能力 2 个维度。

第三，在理论分析的基础上，本书建立了基于企业能力的农业企业生态化成长理论模型，开发了测量量表，并通过实证分析检验了农业企业生态化成长能力结构体系的合理性，证实了农业企业生态化成长能力及其各能力要素对农业企业生态化成长绩效具有正向的作用关系，得出了以下几点有益的结论：①生态化战略能力、生态化网络能力和生态化创新能力 3 个能力要素能够很好地反映农业企业生态化成长能力，其中生态化网络能力对农业企业生态化成长能力的影响最大，生态化创新能力次之，生态化战略能力第三。②不同企业所有权性质、企业经营范围和不同企业规模的农业企业其生态化成长能力不存在显著差异，而不同生命周期阶段的农业企业其生态化成长能力存在显著差异。③生态化战略能力、生态化网络能力和生态化创新能力对农业企业生态化成长绩效都具有显著的正向影响作用，其中生态化创新能力作用最为明显，生态化网络能力其次，生态化战略能力第三。

第 2 章

文 献 综 述

本章从农业企业、企业生态化、企业成长和企业能力四个方面对农业企业生态化成长相关文献进行了梳理，并在此基础上结合本研究的主旨对现有研究进行了评述和总结，为本书后面的研究奠定了理论基础。

2.1　农业企业的研究

2.1.1　农业企业的概念与内涵

农业企业的概念最早由美国学者达维斯和哥尔德佰格（Davis & Goldberg，1957）在其《农业企业概念》一文中提出，并将其定义为农产品的加工、储藏、运输、销售以及农业用品的制造、销售和农场运营等各项作业的总和。在此之后，尽管国内外诸多学者都试图对农业企业进行一个完整和准确的定义，但由于农业企业涉及面太广且生产经营模式存在很大差异，因此在对农业企业内涵的界定上至今都还存在较大分歧。从总体上来看，目前对农业企业内涵的界定基本上都是以农业为逻辑起点进行定位的，因为农业有狭义和广义之分，所以农业企业的界定也大致也可分为狭义和广义两种（王素君，2004）。狭义的农业一般只包括传统意义上的种植业、林业、牧业、渔业和副业等部门，狭义的农业企业界定与狭义的农业相对应，比如夏英，牛若峰（2004）、朱卫鸿（2007）、张胜荣，吴声怡（2013）等都认为农业企业是集合利用土地、劳动力、资本和技术等生产要素，从事农、林、牧、渔、采集等农业生产经营活动，为社会提供动植物产品和相关服务，实行自主经营、独立核算、自负盈亏且具有法人资格的经济组织。而广义的农业不仅包括传统意义上的农业，还包括与传统农业相关的，为传统农业服务的其他部门，比如从事农药、化肥、农业机械等农用品生产、加工、运输、销售等，广义的农业企业界定与广义的农业相对应的，比如张研田（1982）、何尼（Heniy，2000）、刘现武（2003）等认为农业企业不仅包括从事农产品生产及与农产品直接相关经营活动的企业，还包括从事农业生产资料的相关制造和销售，以及农业制成品加工、储藏、运输和销售的企业，是从事与农产品直接和间接相关经营活动企业的总和。此外，随着农业的功能由传统保障农产品供给的单一功能向现代多功能转变，有些学者从更广泛的范围对农业企业的内涵进行了界定，比如马少华，欧晓明（2013）认为农业企业不仅与农业相关，还与农村、农民相关，是以解决"三农"问题为宗旨，以满足社会和人们对农产品的需求为目标，依法实行自主经营、自负盈亏、具有法人资格的营利性经济组织，不仅包括农业生产企业，还包括涉农企业和纵向一体化的农业企业。

通过对现有文献中关于农业企业界定的梳理，我们可以归纳出两点共性，一是农业企业必须是具有法人资格并且以盈利为目的的经济组织，非营利性的组织不是农业企业，比非营利性的农业科研组织和农业社会化服务组织，不具有独立法人资格的主体也不是农业企业，比如农业专业合作社等；二是农业企业是以农业为基础的，直接或间接从事农业生产经营活动或为农业生产经营服务的企业。为了进一步明确研究对象，本书借鉴王学林（2005）的定义把农业企业界定为主要原材料和企业增加值来自农产品，从事农产品生产、加工、流通以及提供相关服务，以盈利为目的且具有独立法人资格的经济组织①。

---

① 本书这一定义把专门从事农药、化肥以及农业机械生产的企业排除在外，因为这些企业在工业生产企业和农业企业之间具有模糊性，不利于本书进行针对性的研究。

2.1.2 农业企业的地位与作用

现有研究中关于农业企业地位与作用的成果较为丰富，主要集中于农业产业化和辐射农业经济发展的角度，比如谭静（1996）认为农业企业具有开拓市场、引导生产、深化加工、配套服务的综合功能，其经济实力和牵动能力，决定着产业化经营的规模和成效。尹成杰（2002）认为农业企业是农业产业化经营的关键，肩负着开拓市场、科技创新、带动农户、促进发展的任务，农业企业自身的实力和其带动能力决定着农业产业化经营的规模和效益。周远（2004）认为农业企业的作用主要有开拓市场、引导生产、深化加工、全方位服务以及在技术进步方面起载体和传导作用、在区域产业格局形成中起示范和辐射作用、在新旧体制交替中起到突破和创新作用。王贵元，郑杰（2006）认为农业企业具有开拓市场、引导生产、加工增值、提供服务的综合功能。范黎波，马聪聪，马晓婕（2012）认为农业企业肩负着带动农民就业增收、促进农业产业结构调整以及推进农业产业化进程等诸多使命，是农业产业中的"领军者"。贾伟，秦富（2013）认为农业企业作为农业产业化的主体是连接农村和城镇的重要载体，农业企业的发展不仅能够带动农民就业和农民增收，而且推动了城镇化建设，通过延长农业产业链条可以实现农产品在生产、流通、加工等各环节的增值，从而提高农业的整体效益。马少华，欧晓明（2013，2014）认为农业企业是农业产业化经营的重要组织形式，是农业发挥其基础性功能的有效载体，同时也是国家农村经济政策得以顺利贯彻实施的有力工具，因此，他们认为农业企业作为农业现代化建设的生力军，是推动中国经济发展的重要力量，其竞争力的提高关乎企业自身乃至整个行业的发展。

2.1.3 农业企业成长相关研究

王素君（2004）基于核心能力理论认为农业企业成长关键在于核心能力的培育，而核心能力的培育最主要的就是提高农业企业的知识创造能力。姜俊（2009）对农业企业的社会责任、创新与财务绩效的关系进行了研究，研究结果表明，战略性社会责任的履行能够对农业企业的财务绩效产生正向影响，产品创新对农业企业的财务绩效的影响也非常显著，而当战略性社会责任的履行和产品创新方向一致时，对农业企业的绩效影响最大。范黎波，马聪聪，马晓婕（2012）分析了农业企业多元化经营和政府补贴对农业企业绩效的影响，研究表明多元化经营与农业企业绩效呈负相关关系，而政府补贴对农业企业绩效有正面提升作用，并建议农业企业应该更加注重自身核心能力培育，同时加强政府补贴的事后监管。王维，张学鹏（2013）基于企业成长能力与成长绩效协同关系的视角，结合农业企业的特点认为农业企业成长能力结构包括资源管理能力、知识管理能力、研发与创新能力、市场营销能力以及环境适应能力与风险控制能力，并以上市农业企业样本数据对农业企业成长能力与成长绩效之间的关系进行了实证，实证结果表明，农业企业成长能力与其成长绩效之间有显著的正相关关系。桑培光（2013）基于"资源—能力—成长"的分析思路认为，农业企业成长不仅要注意关键资源的获取，比如运营资源、知识资源、关系资源、政策资源等，而且还应该加强资源整合能力的培养。唐丽娟，袁芸（2014）探讨了环境规制与农业企业竞争力及其成长之间的关系，认为环境规制在短期可能会阻碍企业的创新活动，影响其竞争力和盈利能力，但是从长期来看，有利于促进农业技术进步和农业企业竞争力的提升。李立群，王礼力（2015）基于资源基础观对关系资源与农业企业经营绩效的关系进行了研究，研究表明客户关系资源、政府关系资源、银行关系资源和员工关系资源对农业企业经营绩效具有正向影响。

2.2　企业生态化的研究

2.2.1　企业生态化的内涵

对于企业生态化的内涵，国内外学者具有不同的研究视角，国外学者一般从企业行为的角度对企业生态化进行定义，比如沙马（Sharma，2000）认为企业生态化是企业为了减少其经营活动对环境的影响以及避免不执行环保法律或不符合环保规范而采取的一系列行为模式。（Bansal，Roth，2000）把企业生态化定义为一系列以缓解企业对自然环境影响为目的的企业活动和行为。（Bulent，Seigyoung，Lucie，2010）认为企业生态化的目标在于最小化资源的浪费和污染物的排放，其核心在于不断地改进实现环境友好的方式和方法。而国内学者大多强调企业生态化是生态学和生态理论在企业中的运用和向企业的整体渗透，比如陆建飞（2000）把企业生态化定义为把生态学原则运用并渗透到企业生产经营活动的整个生命周期，包括产品的研制、生产、包装、运输、消费、废物的回收、再利用等方面。陈浩（2003）认为企业生态化是生态学向企业全方位的整体意义上的渗透，要求企业家必须具备把其企业建成生态企业的意识和谋略。魏光兴（2005）认为企业生态化是追求企业内部经济性和外部经济性的结合，主要包括产品设计、生产、营销以及经营观念和经营效益上的生态化。杨永芳等（2005）提出企业生态化是运用生态学思想设立企业远景目标，以提高劳动生产率追求企业生态化经济效益，构建经济功能新模式。李京文等（2005）从企业功能的角度出发，认为企业是将自然资源①转化为现代人类所需要的消费形式的主要功能体，因此，企业生态化就是企业将生产活动纳入全球的大生态系统，使自身对资源的索取和对环境的影响与大生态系统可持续发展相容的过程。刘国华等（2006）认为企业生态化其实质是把生产经营中相互关联的企业作为一个开放的生态群落，将生态环境因素纳入到生态群落系统之中进行多目标优化的过程。张成考（2006）和陈美球（2011）等把企业生态化定义为由传统企业向生态企业转化的过程，即企业由滥用资源、破坏环境向节约资源、保护环境转变的过程。徐建中（2011）认为企业生态化发展是企业根据生态经济规律和生态系统原理，综合运用生态工程手段和现代化科学技术手段以达到资源投入最低化、使用效率最大化和废弃物排放最小化的企业发展方式。

---

　① 这里的资源包括间接来自其他企业和社会的可利用产物。

2.2.2　企业生态化的动因

基于企业和自然环境的相关研究普遍认为，驱动企业生态化的影响因素主要体现在四个方面：法律、利益相关者的压力、经济机遇和伦理动机。（Vredenburg，Westley，1993），（Morell，1995），（Preuss，2002），（Sharma，Henriques，2005）等对企业生态化动因进行分析时都强调了环保法律法规对企业生态化响应的重要作用，环保法律法规驱动企业实施生态化主要在于两个方面，第一，通过满足现行环保法律法规，能够帮助企业获得市场准入和避免现有法律逐步升级的处罚、罚款和承担相关的法律成本（Cordano，1993）；第二，通过实施领先于环保法规要求的更加积极的环保策略可以避免企业将来因为不满足环保要求而导致的昂贵的资产重置成本（Lampe et al.，1991）。此外，环保法律法规也被认为是企业生态化创新的重要驱动因素，特别是当法律法规关注于产品的制造过程和工艺，而不仅仅是产品本身的时候（Majumdar，Marcus，2001；Porter，Van Der Linde，1995；Foster，Green，2000）。（Buchholz，1991），（Starik，1995），（Berry，Rondinelli，1998）等认为利益相关者是驱动企业生态化响应的重要影响因素，客户、当地社区、环保团体甚至是自然环境本身都鼓励企业在决策过程中能够考虑到其对生态的影响，企业通过实施生态化能够避免公众负面的关注，赢得利益相关者的支持。此外，经济机会也被众多学者认为是企业实施生态化的重要因素，比如通过加强产品生产过程的生态化管理，企业在减少对环境的影响的同时会降低企业投入成本和废弃物的处置成本；通过实施绿色营销，企业出售废弃物或外包给专业环保企业可以改善其收益（Cordano，1993）；通过实施生态化能够帮助企业获得良好的声誉，提升企业学习能力和产品品质（Bonifant，Arnold，Long，1995；Shrivastava，1995）。伦理动因能够驱动企业生态化响应在于"这是正确的事情"，对塑造企业价值观和鼓励企业评价他们的社会角色起着重要作用（Lawrence，Morell，1995；Winn，1995；Andersson，Batemen，1998）。（Pratima，Kendall，2000）通过数据分析，认为企业实施生态化有三个基本动机，即竞争力，合法化和生态责任。其中，竞争力动机是指通过能源和废弃物管理、绿色商标和绿色营销以及创新生态化产品和服务以获得长期竞争优势的动机；合法化动机是通过建立规则、标准、价值和信念以改善企业生产经营行为的动机；生态责任动机则源自一个企业社会责任和价值观念。艾米，凯文，赫伯特（Amy，Kevin，Herbert，2014）通过文献分析表明，企业生态化的动因主要集中在规制与法律的要求（Zhu，Sarkis，2007）、利益相关者压力（Sarkis et al.，2010）、行业压力（Hofer et al.，2012；Berry，Rondinelli，1998）、资源可用性（Aragon - Correa，Sharma，2003；Berry，Rondinelli，1998）和管理承诺（Gattiker，Carter，2010）等方面，他认为当企业面临来自客户、当地社区、监管机构、政府和竞争对手的压力时，更容易实施企业生态化。我国学者徐建中，马瑞先（2007）根据社会行为科学的一般原理，将企业生态化发展的动力分为内在动力和环境刺激，企业生态化的内在驱动力是企业自身利益，而外部环境刺激则来自政府行为、市场需求、资源与环境约束、技术发展等因素，并认为内在动力和环境激励在技术发展的催化下共同推动了企业生态化发展。孙晓伟（2010）从制度安排的角度对企业生态化进行了探讨，认为政府的激励性制度能够有效推行企业生态化建设。

2.2.3　企业生态化与竞争优势

企业生态化与竞争优势关系的研究是战略管理中的一个重要研究问题（Bemauer，2006）。（Porter，Van Der Linde，1993）认为以适当的环境标准引导企业创新可以更加有效地利用资源，降低企业成本并提高产品价值，而产业也会因此更加具有竞争力。此外，他们还发现，以技术创新增强资源生产力可以抵消环保支出，抢先进行生态化创新的企业还可以通过绿色产品获得更高的产品价格，以差异化开创新的细分市场，甚至还可以出售环保技术与服务。Shrivastava（1995）研究了企业如何通过环保技术的发展而获得竞争优势的策略，提出著名的 VITO 模式，其中 V（Vision）即企业生态化的愿景；I（InPuts）即生产；T（Through）即转换过程；O

（OutPuts）即产出。哈特（Hart，1995）认为企业未来的策略和竞争优势根源于与环境相协调的能力，认为实施生态化能够通过更低的成本、更短的循环周期以及更好地利用资源的能力为企业提供竞争优势。（Russo，Fouts，1997）通过243个企业样本的实证研究得出结论，高水平的环境绩效与企业盈利能力呈正相关，而且这种相关性在一些高增长行业越加明显。（Adam，Zutshi，2004）认为企业实施生态化的可持续成长战略有利于企业的产品创新和营销有效性的提高，从而使企业获得独特的竞争优势。

（Walley，Whitehead，1994）则认为，从环境管理的角度来看，尽管企业生态化作为竞争优势的来源是非常具有吸引力的，但是企业实施生态化其实是非常"昂贵"的，特别是想通生态化获得企业持续的成长。（Klassen，Whybark，1999）认为企业实施企业生态化并不是在所有条件下都能够产生竞争优势，只有其生态化与战略管理和生产工艺相联系时才能导致经济效益和竞争优势的提升。（Schaltegger，Synnestvedt，2002）通过研究认为，企业生态化绩效和经济绩效之间没有必然的联系，只有在特定的情况下，当生态化制度和措施有利于激励企业，并进行严格的管理才有可能实现经济效益的持续改善。牛顿，哈特（Newton，Harte，1997）也提出，尽管很多文献基于社会福利的角度看待企业生态化问题，认为企业主动的生态化战略有利于企业竞争优势的获得，但仍缺乏坚实的实证研究予以证实。（Wagner，Schaltegger，2003，2004）认为尽管企业生态化可以减少负的外部效益，但生态化措施会使得企业相对于其他企业承担更高的环境成本，因而会面临竞争劣势，但同时他们又认为，生态化绩效的改善会使得企业更加节约成本和增加销售，从而提高经济效益，因此，他们认为企业生态化和企业经济绩效之间是一种倒"U"型曲线的关系。

2.3　企业成长的研究

2.3.1　企业成长的内涵

"成长"一词源于生物学，在生物学中成长通常是指生物有机体由小到大发展的机制和过程,后面被引申出来用于描述事物从低级走向高级的过程。马歇尔(1890)是最早将成长的概念用于描述企业的学者,他将企业类比为一个生物有机体,认为企业与生命体发展过程遵循同样的法则,会经历诞生、成长、成熟和衰亡等阶段,企业成长是企业系统机体通过不断适应环境和与环境良性互动,在较长的时期里由小变大、由弱变强的动态过程。长期以来,企业成长问题一直是学术界的热点,众多学者基于不同的研究视角对企业成长的内涵进行了深入探讨,形成了纷呈繁杂的企业成长理论丛林。

自亚当·斯密(Adam Smith,1776)研究劳动分工开始,企业成长问题就逐步进入了人们的视野。斯密基于分工理论认为,分工可以提高工作效率,即能够以更低的成本获得更高的产量,企业是一种分工组织,随着分工水平不断提高和工人人数以及创造出产品数量的增加,企业规模得以不断扩大,斯密认为这一过程就是企业成长的过程,而企业规模与企业成长的关系也就此被确定下来。约翰·斯图尔特·米尔(John Stuart Mill,1865)在继承斯密的主要观点的基础上也对企业成长进行了初步的探讨,他认为企业资本量的大小决定着企业规模的大小,强调固定资本对扩大企业规模的作用,指出通过机器等固定资本的增加代替流动资本的增加可以提高劳动生产率,而规模经济对资本的需要和企业规模经济所产生的作用导致了大企业代替小企业的企业成长趋势。马歇尔(Marshall,1890)也是企业成长规模经济决定论的积极倡导者,认为企业成长的动因就在于对规模经济以及范围经济的追求,但他同时也认为企业规模不可能无限制地扩大,因为规模经济存在着一个"极限",当规模的扩大突破了这个"极限",不仅会导致企业灵活性的下降,甚至可能会导致企业的衰退,因此他认为企业成长是由内部经济和外部经济共同作用决定的,其实质是企业调整产量达到最优规模水平的过程。斯蒂格勒(Stigler,1975)则进一步将企业成长同产业联系起来,提出了基于专业化获取企业成长的逻辑,他认为,在产业初期企业成长主要缘于内部分工,因此大多以大而全的"全能企业"形式出现,但随着产业不断成熟和扩大,企业则可以通过提高某些领域的专业化程度获得规模扩大从而实现成长。科斯(Coase,1937)

在其《企业的性质》一书中使用交易成本的概念对企业的本质进行了解释，被认为重新开启了企业这个"黑箱"。在科斯看来，企业成长在于企业边界扩大，其动因是为了节约交易费用，而他所认为的企业边界扩大不仅仅是指企业经营规模的扩大，更是指企业功能的拓展，即把原来通过市场进行的交易活动纳入企业内部进行。威廉姆森（Williams，1975）沿着科斯的研究轨迹进一步提出了"资产专用性"的概念，认为企业之所以能够取代市场而出现就是因为"资产专用性"的存在，而企业边界的扩大也只能存在于某一特定资产专用性范围之内，一旦超出其范围，企业不但不会实现扩张甚至还会出现萎缩，因而，在交易成本经济学中，企业成长的含义被限定到了一定的交易范围内。总之，在古典经济学、新古典理论经济学和交易成本经济学的理论中，尽管研究者们对企业成长动因有不同的理解，但都是使用企业规模的概念来衡量企业的成长，认为企业追求规模经济和"有效边界"的过程就是企业成长的过程。

事实上，尽管企业成长理论起源于对大规模生产规律的研究，但直到潘罗斯（Penrose，1959）发表了《企业成长理论》一书才真正奠定了现代企业成长理论的基础（杨杜，1996），潘罗斯因此也被认为是内生成长理论的开创者。潘罗斯强调内部管理对企业成长的作用，并提出了相对于"规模经济"的"成长经济"概念，认为企业成长是企业追求成长经济的过程，而成长经济是一种内部经济，其关键在于获取资源和生产性服务能力的增强。安索夫（Ansoff，1965）认为企业的成长在于向其特长领域的良性发展，从而获得较竞争对手更为有利的位置。德鲁克（Drucker，1985）指出企业成长的程度完全取决于其员工所能成长的程度，其强调企业与人的所谓"天人合一"，其中，中高层管理者被认为决定着企业的成长方向和成长速度，在企业成长中具有至关重要的作用。钱德勒（Chandler，1977）则更加强调技术发展和市场扩大对企业成长的关键作用，他认为企业成长就是根据技术和市场的变化而不断调整组织模式的过程。熊彼特（Schumpeter，1975，1990）则从创造性毁灭的视角重新思考了企业成长的内涵，他认为企业成长不是一个连续的过程，而是一个突发的、迅猛的创造性毁灭的过程，即企业成长是一个不断追求创新的过程。

通过以上对企业成长理论的大致梳理我们可以发现，经济学视野中的企业成长似乎更强调"量"上的提高，比如企业规模的扩大、企业边界的扩展等，而管理学视野中的企业成长则更强调企业"质"上的提升，比如资源更为有效地利用、组织结构的优化、技术和管理模式的创新等。事实上，现在大多数学者都认为企业成长的内涵中应该包含"量"和"质"两个方面的内容，是企业量的增长与质的提升相结合的过程，并且更加强调质的提升在企业成长中的重要性。比如张玉利（2004）、宋克勤（2004）、杨蕙馨，王胡峰（2006）、王建军（2008）等学者都认为企业成长不只是企业规模的扩大，企业成长应该包含"量"和"质"两个方面的提升，是企业量的增加和质的提高相结合，外延拓展与内涵提升相统一的过程，其中，"量"主要体现在企业经营资源的增加，而"质"主要表现为企业素质、企业组织变革与创新能力等方面。

基于以上分析，本书认为企业成长是指企业从小到大、由弱到强的动态发展过程，它包含"量"和"质"两个方面变化，即量的增长与质的提升，其中，质的提升是量的增长的基础和保障，量的增长是质的提升的外在表现。

2.3.2 企业成长的影响因素

（1）基于规模经济的观点。

基于规模经济的企业成长理论主要体现在古典经济学和新古典经济学中，其主要观点源于亚当·斯密（1776）提出的分工理论，亚当·斯密在其《国富论》中指出，企业作为一种分工组织，其存在的理由就是为了获取专业化和分工协作所带来的报酬递增，而这种因分工产生的规模经济使企业的产生和扩张成为可能。斯密之后的古典经济学家普遍接受了规模经济决定企业成长这一观点，比如约翰·穆勒认为正是由于规模经济对资本的需求才出现了大企业替代小企业的企业成长趋势，马歇尔（1890）在继承规模经济决定企业成长的思想基础上，引入了对稳定的竞争均衡条件的分析，斯蒂格勒（Stigler，1975）基于规模经济决定企业成长的基本思想将产业成长与企业成长相结合，提出了基于专业化获取企业成长的分析逻辑。

（2）基于新制度经济学的观点。

新制度经济学的企业成长理论是基于科斯的交易成本的概念展开的，认为企业成长的动因在于节约交易费用，降低交易成本。科斯（Coase，1937）基于交易成本的视角分析了企业边界的决定因素，他认为企业成长的过程与企业边界扩大的过程是一致的，它们具有相同的决定因素，而企业是市场的替代物，其出现就是为了节约交易成本，因此企业边界的大小是由企业产生的管理费用和节约的交易费用权衡比较决定，同样，企业成长的决定因素归根结底在于交易费用的节约和交易成本的降低。威廉姆森（Williamson，1975）在科斯的基础上提出了企业"有效边界"的概念，并从资产专用型、不确定性和交易频率三个方面分析了有效边界的决定因素，他认为，企业为解决资产专用性带来的机会主义行为，会实行前向或后向一体化的模式把原来属于市场交易的某些阶段纳入到企业内部，从而通过企业边界的扩展达到降低交易费用的目的，而实现有效边界的决定因素在于资产专用型、不确定性和交易频率。

（3）基于竞争战略的观点。

基于竞争战略的企业成长理论源于波特（Porter，1980，1985，1998）的竞争战略理论，该理论认为企业成长取决于两个方面的因素，一是企业参与竞争的产业竞争状况，二是企业在该产业中的相对位势。波特认为产业竞争状况应该从进入者、替代者、现有竞争对手以及买方和供方五个方面的威胁进行分析，即著名的波特"五力模型"，这五个方面的竞争力量共同作用决定了产业的竞争状况和吸引力，而在产业竞争状况既定的条件下，企业的成长则取决于其在产业中的相对位势，相对位势的确立关键在于其战略定位和实施，波特分析了三种企业竞争战略，即成本领先战略、差异化战略和聚焦战略，通过确立相对位势可以为企业带来超额租金，从而使企业获得竞争优势并获得成长。希尔（Hill，1987）等对企业成长的环境进行了更为广泛的分析，提出了 PEST 分析模型，从政治、经济、社会、技术等方面对企业成长的影响因素进行了分析。亨里克斯，萨道斯凯

（Henriques，Sadorsky，1996）分析了顾客、股东、社区压力以及政府环保规制等因素对企业保护生态环境，实施可持续成长的影响作用。

（4）基于演化经济学的观点。

在演化经济学中，企业行为被假定为在外部环境不明确的情况下，对给定集合进行选择使企业利润最大化的一系列活动（Nelson，Winter，1982，1997），而在不确定性条件下，企业行为的最大的限制是知识和信息的不完全性，企业只是在特定条件下的生产性知识和能力的集合，据此，尼尔森，温特（Nelson，Winter，1982，1997）提出了"惯例"的概念，认为惯例是企业组织演化中所形成的生产性知识和能力，是资源、能力、知识在组织中的具体表现，企业惯例构成了企业决策活动的前提，因此是推动企业成长演化的关键因素。此外，在环境选择机制作用下，企业现有惯例决定了企业之间竞争性行为的结果，企业的成长表现为遗传、变异及选择不断循环的过程（Metalfe，1999）。

（5）基于企业能力的观点。

以普拉哈拉德和汉默（Prahalad and Hamel，1990）为代表的核心能力理论在企业资源论基础上做了进一步拓展，认为企业应该是"能力的集合体而不是资源的集合体"。他们认为，资源的同质性使得企业无法获取持续性的竞争优势，从而无法实现企业真正的成长，只有那些具有异质性的、难以模仿和替代的资源和能力才是企业持续成长得以实现的源泉。然而，随着企业面临的外部环境日益复杂且不确定性不断加剧，核心能力理论被认为过分关注企业内部的知识和技能而忽视了外部环境的变化，其中最为研究者诟病的是其在外部环境发生变化时很容易表现出一定的"核心刚性"，甚至被认为对企业成长产生负面影响。在这种情况下，蒂斯，匹斯诺，书恩（Teece，Pisnao，Shuen，1997）在《动态能力和战略管理》一书中正式提出动态能力的概念，把动态能力定义为"企业整合、建立和再配置内部与外部能力来适应快速变动环境的能力"。动态能力理论秉承了熊彼特"创造性毁灭"的思想和演化经济学的组织惯例观点，强调企业必须不断更新发展自身的能力以应对动态变化的环境。

此外，从国内方面的文献来看，尽管我国对于企业成长理论的研究较为滞后，大多仍致力于介绍和推介西方的企业成长理论，但也有不少学者结合我国企业实际对企业成长问题进行了解析，推动了我国企业成长理论的发展。杨杜（1996）是我国较早从事企业成长理论研究的学者，他提出了经营资源的概念，并基于这一核心概念从经营资源的数量、性质、结构和支配主体等四个方面，运用实证和比较的方法对企业成长相关问题进行了考察。赵晓（1999）提出了基于外部规制结构、内部治理结构与市场–技术结构的企业成长三维分析框架。贾生华，邬爱其（2003）从知识结构视角对企业成长的内在机理和外部调节进行了剖析，建立了知识结构演化与企业成长之间关系的理论模型。张明、许小明（2005）以中国企业为例对转轨国家的企业成长理论进行了分析，并在西方学者基于企业内部和产业组织两个维度对企业成长研究的基础上引入了市场维度和政府维度。高小玲，黎江（2008）在对"企业资源—企业能力—企业成长"内生成长范式和"环境—战略—绩效"外生成长范式的缺陷和弊端进行分析的基础上，提出了动态的"能力—战略—绩效"新范式，认为能力与战略是共同创造、演化和组合的关系，其动态匹配会为企业带来高绩效。

2.4　企业能力的研究

2.4.1　企业能力概念的产生与理论渊源

能力通常被抽象为能够使一个组织比其他组织做得更好的特殊物质（Selznick，1957），对企业能力的研究源自企业内生成长理论，其理论渊源可以追溯到到亚当·斯密的劳动分工理论，而现代经济学中对企业能力的讨论起源于潘罗斯（Penrose，1959）的《企业成长理论》，她把企业定义为"被一个行政管理框架协调并限定边界的资源集合体"，认为企业拥有的资源状况是决定企业能力的基础，而由资源所产生的生产性服务发挥作用的过程会推动企业知识的增长，而知识的增长又会导致管理力量的增长，从而推动企业演化成长。尽管潘罗斯并没有具体使用"企业能力"这一概念，但她基于内部化的企业增长理论对企业能力理论的形成具有革命性意义（克努森，1996）。

理查德森（Richardson，1972）是第一个提出"企业能力"概念的经济学家，他认为企业能力是企业积累的知识、经验和技能的反映，是企业活动的基础，并基于能力的角度对企业活动进行了区分，把企业活动区分为"相似性活动"和"互补性活动"，其中，相似性活动在企业范围内部进行组织协调，因为企业倾向于从事与其自身能力相适应的活动即"相似活动"；互补性活动则要由具有不同能力的企业之间进行整合和交流来实现。理查德森扩展了潘罗斯的企业内在增长理论，为企业能力理论的形成奠定了基础。

2.4.2 企业能力的内涵及理论演进

20 世纪 80 年代以来，企业能力理论以温纳菲尔特（Wernerfelt，1984），巴尼（Barney，1986）等的资源基础论为起点，经过普拉哈莱德，哈默（Prahalad，Hamel，1990）、巴顿（Barton，1992）等的核心能力理论的推动，以蒂斯，匹斯诺，书恩（Teece，Pisano，Shuen，1997）等的动态能力理论经典文献为真正形成标志，近年来开始趋向于基于隐性知识的企业能力理论。随着企业能力理论发展不断走向成熟，其对现实的解释力得以不断提升，然而，对于企业能力本身的定义和内涵，理论界仍没有形成一个统一的观点，不同的学者基于不同的理论基础和研究视角对企业能力的内涵做了多种解释。

潘罗斯（Penrose，1959）认为企业的显著特征在于根植于企业中的知识，而企业的能力归因于"资源的最优配置和使用"。沃纳菲尔特（Wernerfelt，1984）、巴尼（Barney，1986）等基于资源基础观认为企业是一系列战略资源的集合，企业拥有的异质性资源是企业持续竞争优势的源泉，并强调可以通过企业内部资源的积累和培育来创造竞争优势从而使企业获得成长（Wemerfelt，1984；Barney，1986，1991）。资源基础理论的主要贡献在于把研究视角从企业的外部环境转向了企业内部资源，但其明显的不足在于没有对企业资源与企业能力予以区分，事实上，资源与能力还是有本质差别的，资源是企业的根基，是企业能力的基础，然而资源本身并不能形成能力，企业能力还是要通过对资源的利用加以体现的（Wang，Ahmed，2007），而资源基础理论把竞争优势的根源直接归因于企业所拥有的资源显然是欠妥当的。

帕拉哈拉德，哈默（Prahalad，Hamel，1990）认为企业是一系列能力的集合，而决定企业竞争优势的是企业的核心能力，企业核心能力是"企业组织中的积累性常识，特别是关于如何协调不同生产技能和有机结合多种技术流的学识"。戴（Day，1990）也提出了类似的观点，认为企业能力是企业技能和累积性知识的复杂集合。阿米特和斯科马克（Amit and Schoemaker，1993）则认为企业能力是企业有效利用现有资源以实现或影响预期目标的能力。格兰特（Grant，1991，1996）认为企业能力是企业承担和完成一项特定活动的知识和技能。福斯（Foss，1998）进一步指出企业能力不仅体现为资源、知识和技能的集合，还是企业内部所形成的人与人，人与其他资源之间的相互协调。

基于对企业在动态的外部环境中如何建立持续性的竞争优势的思考，蒂斯，匹斯诺，书恩（Teece，Pissano，Shuen，1997）提出了动态能力的概念，认为企业在动态变化的环境中应该具备"整合、建立以及重构企业内外部能力以便适应快速变化环境的能力"，即动态能力，其中，"动态"强调的是企业与变化的外部环境保持一致的能力，而"能力"强调的是企业战略管理在适应、整合和重组内外部技能、资源和职能以匹配变化环境要求的关键作用。事实上，随着对企业能力研究的不断深入，越来越多的学者发现，无论基于资源基础的企业能力理论、企业核心能力理论还是企业动态能力理论，都强调企业能力内嵌着大量独特的隐性知识，也正因为此，企业能力是难以交易和模仿的。比如，巴尼（Barney，1991）认为能够产生竞争优势的独特资源正是企业所拥有的难以交易和模仿的知识。康纳，帕拉哈拉德（Conner，Prahalad，1996）认为不同企业之间绩效的差异是源于知识创造和利用机制的不对称。格兰特（Grant，1996）则强调如何建立起整合知识，特别是隐性知识的协调机制是获得企业能力的关键。佐罗和温特（Zollo & Winter，2002）进一步指出企业能力产生于隐性经验的积累、显性知识的明确化和知识编码活动的协同演进。

2.4.3 企业能力理论的基本观点

在企业能力理论发展历程中，尽管各时期、各流派的学者由于研究视角的差异对企业能力内涵的理解不尽相同，但企业能力理论发展至今，仍然形成了一些普遍认同的基本观点：

首先，企业能力是企业活动的基础。这一观点源自首次提出"企业能力"概念的经济学家理查德森（1972），资源基础理论基于这一观点认为企业是资源的集合体，核心能力理论则认为企业是能力的集合体，任何企业都具备一定的企业能力，而企业之间之所以存在异质性也是因为其拥有不同的资源和能力。

其次，企业资源和能力是企业竞争优势的来源。与企业的外部条件相比，企业内部因素对于企业占据市场竞争优势更具有决定性作用，企业能力特别是有价值的、稀缺的、不可模仿以及不可替代的特殊资源和核心能力是企业获得超额收益并取得竞争优势的关键性因素，而这些特殊资源以及核心能力的，归根结底是企业的积累性知识。

最后，动态能力是企业持续竞争优势的源泉。在动态变化的外部条件下，企业能力必须持续不断地构建、积累、培养、维护与提升，只有具备与动态环境相适应的动态能力，企业才能获得持续的竞争优势。

2.5 现有研究简要述评及对本书的启示

（1）随着我国农业产业化进程的不断推进，对农业企业的研究也日益繁多，总的来看，研究成果主要集中在农业企业的地位和作用研究、农业企业与农户利益连接机制、农业企业成长中遇到的具体问题以及政府对农业企业的扶持政策等方面，较少有研究从农业企业内部探讨其成长问题，而基于企业能力探讨其成长关键因素和内在机理的研究几乎为空白，而这方面研究的缺失不利于我们从深层次认识农业企业的成长规律和影响因素，也不利于政府部门制定具有针对性的扶持政策。

（2）就企业生态化的研究而言，国外出现较早且研究较为系统、较为全面，而国内对企业生态化的研究出现较晚，且相对零散。但总的来说，目前对于企业生态化的研究没有与企业成长联系起来，尽管有些学者从企业成长和竞争优势的角度对企业生态化的驱动因素进行了探讨，但大多国内学者仍是独立于企业成长来探讨企业生态化的相关问题。而事实上，企业作为一个以盈利为目的的经济组织，脱离企业成长来谈企业生态化是不现实的，企业生态化只有与企业成长紧密结合起来，相互作用、互相促进才可能实现可持续的企业生态化。

（3）在企业生态化的研究中，大多学者都仅从生态化响应的角度认为企业生态化是企业对外部自然、政策和市场环境变化的响应，企业生态化可以使得企业适应外部环境的变化，所不同的只是有些学者认为这种响应是被动的，而有些学者认为是主动的，有些学者则认为是兼而有之，而较少有研究基于企业能力的视角对企业生态化与其成长的内在联系进行深入挖掘，因而不能很好地回答为什么在自然生态环境恶化导致企业外部环境发生系列变化的情况下，有些企业通过实施生态化不仅可以应对外部环境的变化而且可以获得企业成长，而有些企业即使实施了生态化却逐渐丧失竞争优势，甚至走向没落。

（4）随着企业能力理论的不断发展，特别是动态能力理论的提出，在解释企业持续竞争优势源泉方面具有较好的合理性和科学性，但主要还停留在抽象的概念与框架研究阶段，缺乏系统的和可操作化的研究（王国顺，2006），导致现有理论无法真正诠释企业如何通过企业能力来获得和保持竞争优势，使其在指导实践上具有很大的局限性，因此需要通过更多的实证研究把企业能力系统化、具体化和可操作化。

本书基于企业成长理论、企业能力理论和企业生态化的研究成果，提出了企业生态化成长的概念，结合农业企业的组织特点，把农业企业的生态化、企业成长、企业能力等问题纳入一个整体的分析框架，建立了农业企业生态化成长理论模型，并通过鄱阳湖生态经济区部分农业企业的数据进行了实证分析，在一定程度上弥补了现有研究在以上几个方面的不足。

第 3 章

农业企业生态化成长理论分析

本章对企业生态化成长这一核心概念的内涵进行了界定，从可持续发展理论、利益相关者理论和企业社会责任理论等三个方面阐述了其理论基础，并结合农业企业的组织特征对农业企业生态化成长的必要性、特点和核心要素进行了理论分析。

3.1 企业生态化成长的内涵及理论基础

3.1.1 企业生态化成长的内涵

（1）企业生态化成长的理论背景。

在传统的成长理论和组织理论中，自然生态环境一直被假定为无限的、可以自然更新、再生和恢复的一个外生变量，甚至是一个与企业成长没有多大关联的外部因素（廖卫东，2003），即便是组织理论在探讨企业组织适应环境需要的研究中也一直忽视了自然生态环境的重要性（Purser，Park，Montuori，1995；Shrivastava，1994b），大多只集中在产业环境、市场环境、社会环境等方面，理论上的缺失导致企业成长实践中普遍采用高投入、高消耗、高排放，以耗费资源和损害环境为代价的粗放型的成长方式。直到20世纪50年代，一些国家发生了多起严重的污染事件，并出现了当时所谓的"世界八大公害事件"。在这样的背景下，美国海洋生物学家莱切尔. R. 卡逊于 1962 年发表了《寂静的春天》一书，引起来人们对自然生态环境问题的普遍关注，而美国经济学家肯尼斯·鲍尔丁 1968 年在其论文《一门科学——生态经济学》中阐述了把生态学与经济学相结合的生态经济思想，并首次提出了"生态经济学"的概念，从此，生态经济学作为一门新学科开始兴起，20 世纪 80 年代特别是进入 21 世纪以后，生态经济思想席卷全球，企业作为经济社会的微观主体，其成长与自然生态环境的关系也逐步得到了人们的关注，并开始影响和改变着传统的企业成长战略和管理思想。

（2）企业生态化与企业成长。

通过前文 2.2 和 2.3 两节对企业生态化和企业成长相关文献的梳理我们发现，企业成长包含"量"的增长和"质"的提升两个方面的内容，其中"量"的提高主要包括企业规模的扩大（Adam Smith，1776；John Stuart Mill，1865；Marshall，1890；Stigler，1975 等）和企业边界的扩展（Coase，1937；Williams，1975 等），"质"的提升则体现在内部管理水平的提高、资源利用能力的提升、企业员工的成长、组织模式的调整以及持续的企业创新等方面（Penrose，1959；Ansoff，1965；Drucker，1985；Chandler，1977；Schumpeter，1975，1990 等），"质"的提升是"量"的增长的基础和保障，"量"的增长是"质"的提升的外在表现（张玉利，2004；宋克勤；2004；杨蕙馨，王胡峰，2006；王建军，2008 等）。而企业生态化是生态学向企业的全方位的整体意义上的渗透（陈浩，2003），是企业根据生态经济规律和生态系统的基本原理，综合运用生态工程和现代科学技术手段，通过调整企业组织结构，设计、改造企业流程，延伸企业责任，达到资源投入最低化、效率最大化，废弃物最小化的企业发展方式（徐建中，王莉静，2010；2011）。可以看出，在生态环境破坏日益严重和资源约束愈加凸显并导致企业外部环境发生系列变化的背景下，实施企业生态化是提升企业的"质"并促进企业成长的重要策略和途径。正如陈浩（2003）所说，企业生态化不仅体现为企业意识和企业谋略中应渗透有生态学思想，还体现为一种新型的企业管理模式，一种新型的企业效率观和企业发展观。

（3）企业生态化成长的概念界定。

结合企业成长和企业生态化的相关观点，本书提出企业生态成长的概念，认为企业生态化成长是指将生态化理念融入企业成长战略并贯穿于企业经济活动始末，按照生态化的要求设计、组织和改造企业流程并调整企业行为，是通过生态化设计、生态化管理和生态化创新达到资源利用效率最大化和废弃物排放最小化并由此获得企业竞争优势持续提升的一种积极的环境战略和新型的企业成长方式。根据这一定义，企业生态化成长的内涵可以从以下三个方面进行理解：

第一，企业生态化成长是一种积极的环境战略。在环境战略的研究中，很多学者发现，当企业采取不同的态度和采用不同的策略应对生态环境带来的威胁时可能会产生非常不同的结果（Roome，1992；Coddington，1993；Greeno，1994；Sadgrove，1993，Lee，Rhee，2007），比如鲁姆（Roome，1992）按照应对生态环境问题的积极程度把企业策略分为"不遵从"、"遵从"、"遵从＋"和"前瞻"四个类别。其中"不遵从"是最消极的策略，采取这种策略的企业完全不采取任何环境管理措施，甚至不能符合环境法律法规的最低要求，而"前瞻"是最积极也是企业最果断、最有效应对生态环境问题的策略，这类企业在将生态环境管理提升到战略层面，并运用到企业战略制定和整体的管理实践中。积极的环境战略被认为利于企业竞争优势的提升并使得企业的成长更具可持续性。本书所指的企业生态化成长就是这种根据生态学原理和生态经济规律从战略层面积极应对生态环境问题的一种积极的环境战略。

第二，企业生态化成长是一种新型的成长方式。企业生态化成长不同于传统的成长方式，不是依赖于资源的大量消耗和对生态环境破坏的事后治理，而是从一开始便着眼于提高企业投入产出的物质和能量转换效率，力求从根本上消除污染的根源（徐建中，马瑞先，2007），通过不断提高企业生态效益①从而实现自然生态系统良性循环和企业竞争优势持续提升

---

① 世界可持续发展工商理事会（WBCSD）于 1991 年提出了"生态效益"这一概念，用公式表示为：生态效益 = 产品与服务的价值 ÷ 环境影响。

的新型成长方式。

第三，企业生态化和企业成长的相互促进关系。笔者将企业生态化和企业成长的关系如表 3 - 1 所示。

表 3 - 1　　　　　　　　企业生态化和企业成长的关系

项目	非生态化	生态化
实现企业成长	对生态环境的挑战	生态化成长
没有实现企业成长	不相关	对组织的挑战

如表 3 - 1 所示，在第一象限，企业通过非生态化即传统的方式实现成长，这种方式是"人类中心论"的体现，往往是通过资源的大量投入和消耗为代价的，这种传统的粗放式的企业成长方式形成了对生态环境的挑战。在第二象限，企业既实现了生态化同时又实现了企业成长，两者互为前提、相互促进，即实现本研究所说的企业生态化成长。第三象限描述的是即非生态化又没有实现企业成长的管理实践，这一象限这被认为与管理活动无关。在第四象限，企业虽然实现了生态化，但是没有实现企业的成长，这对企业组织的生存和发展形成了巨大挑战，是"生物中心论"的表现，这样的生态化是不可持续的，也不是本书所指的企业生态化成长。

3.1.2　企业生态化成长是可持续发展的需要

在以往的发展观中，受西方主流经济学的影响，总是将经济系统和生态系统分裂开来，认为自然生态和资源总是能够维持人类经济活动的需要，因此不属于经济学的研究对象，比如萨伊就认为"人类所消费诸如空气、水、阳光等都是自然所赐予的无代价礼物，不需要人们努力地创造。……因为它们不是人们生产出来的，也不会因为人们的消耗而消失，因此它们不应该属于政治经济学的研究范畴。"正是在这种思想支配下，主流经济学只关注物质资料再生产的规律及其平衡原则，而忽略了自然生态和环境资源再生产规律，导致经济与生态环境关系的长期失衡，自然生态环境遭受了严重的破坏，资源短缺、环境污染、水土流失、臭氧层锐减、温室效应等一系列问题日益凸显，甚至危及人类的生存和发展。

1987 年，联合国世界环境与发展委员会（WCED）在其向联合国大会提交的《我们共同的未来》的调查报告中对人类在经济发展和保护环境方面存在的问题进行了全面、系统的评价，并正式提出了可持续发展的概念，把可持续发展定义为"既满足当代人的需要，又不对后代满足其需要的能力构成威胁和危害的发展"。此后，可持续发展的思想不断丰富、发展并趋于成熟，目前已经成为人类经济社会发展的基本原则和指导思想。可持续发展理论以系统的观点来分析经济、社会和生态环境之间的关系，强调生态系统、社会系统和经济系统的协调统一和可持续发展，其中，生态系统的可持续是可持续发展的基础，对社会、经济系统的可持续起着支撑作用，因而可持续发展理论要求在资源利用和生态环境保护方面采取新的思维，对资源要合理、节约利用，通过发展科学技术提高资源利用率，减少对自然生态的破坏。此外，可持续发展理论注重生态系统对社会、经济系统发展的承载能力，强调要使社会经济活动对环境的影响处于生态系统自我调节平衡能力的范围之内，只有这样才能实现生态系统和社会、经济系统发展的永续性。可以看出，可持续发展理论并非只注重环境保护而否定经济的发展，而是要求在保护生态环境的前提下使经济发展的净利益增加到最大限度（徐建中，2012）。

企业作为社会经济活动的基本单位，既是自然资源的利用者，又是污染产生的重要源头，同时也是解决生态环境问题的关键力量。1984 年世界生态管理工作会议上就曾明确指出，全球日益严峻的生态环境问题产生的根源在于各国的企业，各国企业界必须认识到污染既是一种浪费又是一种低效率的表现。因此，为了实现经济、社会、生态以及企业自身的可持续发展，企业必须放弃原有的危及自然生态环境和企业自身生存和发展的"高投入、高消耗、高污染"的生产方式，将企业成长和自然生态协调起来，根据自然生态系统和经济运行规律，将生态化理念融入企业发展战略并贯穿于企业经济活动始末，通过创造性的生态化设计、管理和创新在最小化生态环境的影响的同时实现企业经济效益和社会效益的最大化，不断提高企业生态效益①，从而实现自然生态系统和经济社会系统的可持续发展。

3.1.3　企业生态化成长是利益相关者的诉求

1963 年，美国斯坦福大学的一个研究小组首次提出"利益相关者"的概念，用以表示所有与企业具有密切关系的利益群体，并认为存在一些利益群体对于企业的生存和发展具有至关重要的作用。尽管这里所指的利益群体还是非常狭义利益相关者概念，但它使人们开始逐步意识到企业的存在并非只是为股东服务的，企业周围还存在许许多多与企业生存和发展息息相关的利益群体。安索夫（Ansoff，1965）是最早将利益相关者概念引入管理学界的学者，他认为要制定一个理想的企业目标，必须综合考虑企业诸多利益相关者之间的相互关系和利益冲突，这些利益相关者不仅包括企业的管理人员、员工、股东，还包括供应商以及分销商。此后，尽管对于利益相关者的概念有多种表述，但至今仍没有形成一个统一的概念表述。米切尔，伍德（Mitchell，Wood，1997）就曾总结了自 1963 年以来关于利益相关者的 27 种代表性概念表述，认为弗里曼（Freeman，1984）和克拉克森（Clarkson，1995）的表述具有较强的代表性，其中，弗里曼（Freeman，1984）把利益相关者定义为那些能够影响企业目标的实现或者能够被企业目标实现过程影响的人或群体。这一定义不仅包括了对企业目标产生影响的个人和群体，还包括了企业在其实现目标过程中可能会影响到的个人和群体，因此很大程度地拓展了利益相关者概念的内涵。克拉克森（Clarkson，1995）则认为那些对企业及其过去、现在以及未来的活动享有或者主张所有权、权利或利益的自然人或社会团体都属于利益相关者的范畴，并在此基础上根据与企业联系紧密程度将利益相关者分为一级利益相关者和二级利益相关者，其中一级利益相关者是指对企业生存和发展有直接影响的行为主体，比如股东、投资者、员工、顾客、供应商、政府等，而二级利益相关者则是那些尽管不构成企业生存和发展必要条件，但也会影响

---

　　① 世界可持续发展工商理事会（WBCSD）于 1991 年提出了"生态效益"这一概念，用公式表示为：生态效益 = 产品与服务的价值 ÷ 环境影响。

企业或是受企业活动影响，比如媒体和一些社会团体。尽管理论界对利益相关者包括哪些具体范畴仍存在不同的见解，但是利益相关者对企业行为和企业成长将产生重要影响的观点早已被广泛接受和认可（Freeman，1984；Donaldson，Preston，1995），特别是20世纪中期以后，越来越多的学者更愿意把企业看作是利益相关者权益而非仅仅是股东权益实现的载体（江若玫、靳云汇，2009），因此，利益相关者理论被认为是对以弗里德曼（Friedman，1962）为代表的"股东至上"理论的修正（田田，李传峰，2005）。

根据利益相关者理论，企业成长不应该只是追求其自身利益，而应该整体考虑利益相关者的利益，然而，企业长期依靠"高投入、高消耗、高污染"的成长方式导致生态环境破坏日趋严重，已经严重损害到了利益相关者的利益，利益相关者对于企业成长过程中的环保诉求也越来越强烈，比如政府通过不断加强环保法律法规的惩罚力度和执法力度促使企业减少污染物的排放（Laplante，Rilstone，1996；Gray，Deily，1996；Dasgupta，Laplante，2001），资本市场对企业环境绩效上的表现开始变得越加敏感（Lanoie，Laplante，1998），消费者对环境友好型产品和服务显示出越来越明显的偏好，并愿意为此支付更高的价格（Loureiro，Lotade，2005），而社区居民也对企业破坏生态环境的行为也开始不断施加压力（Blackman，Bannister，1998），利益相关者对于保护生态环境的强烈诉求使得企业传统的、非生态化的成长方式面临着巨大挑战，甚至难以为继，正如斯特德曼，齐默勒（Steadman，Zimmerer，1995）等所言，企业转变成长方式，改善环境绩效在很大程度上是为了应对利益相关者日益提高的环境要求和期望。

3.1.4 企业生态化成长是企业社会责任的体现

企业社会责任最早由奥利弗谢尔顿（Oliver Sheldon，1924）在其著作《管理哲学》一书中提出，但未对其内涵进行明确的界定和展开深入分析，因此大多数学者认为，霍华德·波文（Howard Bowen，1953）出版的著作《企业家的社会责任》才是真正开启了现代企业社会责任问题的研究，他在书中提出，企业社会责任是企业按照社会价值观的要求作出相应决策并采取具体行动的义务。然而，由于时代背景的局限性，其观点一直没有得到社会主流的关注，即使到了 20 世纪 70 年代，企业社会责任还仍然被企业界视为一个笑话或一个矛盾（Lydenberg，2005），直到 20 世纪 90 年代，企业社会责任的思想才得到社会各界的普遍认可（王昶，周登，Shawn P. Daly，2012）。事实上，自 20 世纪 50 年代以来，理论界对企业社会责任的探讨从未间断，尽管研究的视角不断得以拓展，但对企业社会责任的定义和内容却始终未达成一致（Carrigan，Attalla，2001；McWilliams et al.，2006）。卡罗尔（Carroll，1979，1991）对企业社会责任的概括具有较大的影响力，他认为企业社会责任是社会在一定时期对企业提出的经济、法律、道德和慈善期望的总和，并由此提出了企业社会责任的四维模型，即企业社会责任包括经济责任、法律责任、道德责任和慈善责任，这四种责任自下而上形成一种"金字塔"结构，其中经济责任处于"金字塔"的最底端，构成了企业生存发展和履行社会责任的基础。英国学者约翰·埃尔金顿（John Elkington，1997）提出了"三重底线"概念，他把企业社会责任划分为经济责任、环境责任和社会责任三个方面。其中，经济责任是传统的企业责任，体现在追求利润、缴纳税收、为股东和投资者谋求经济利益等方面；环境责任是指使用清洁能源、保护自然生态环境的责任；社会责任则是对于其他利益相关者的责任。2003 年，欧盟就业与社会事务委员会在其一份文件中从内外两个方面对企业社会责任进行了阐述，认为从内部来看，企业社会责任包括人力资源的管理、员工工作中的健康和安全、适应变革、管理外部环境和资源；从外部看，企业社会责任包括当地社区、商业伙伴、消费者等利益相关者以及人权、对全球化环境的影响等方面。

　　尽管学术界对企业社会责任概念的理解和表述不尽相同，但众多学者普遍认为企业在追求自身成长的同时应该承担相应的社会责任和履行相应的义务，而保护生态环境是企业社会责任的重要方面（John Elkington，1997；沈红波，谢越，陈峥嵘，2012）。一方面企业实施生态化成长，把生态化理念融入企业成长战略，追求资源利用效率最大化和废弃物排放最小化是企业履行环境责任的体现，另一方面企业生态化成长不仅仅是为了保护生态环境，更重要的是通过生态化设计、生态化管理和生态化创新等手段在保护生态环境的同时获得竞争优势从而实现企业自身的成长。因此，企业生态化成长不仅是企业履行环境责任的体现，同时还是企业履行经济责任的体现。

3.2　农业企业及其生态化成长

3.2.1　农业企业的组织特征分析

农业企业作为内嵌于农业领域的一种组织形式，贯穿于整个农业产业链，因此其涉及的行业非常广泛。参照国家统计局对农业行业的分类标准，农业企业大致可以分为三大类型：第一种类型是直接从事农、林、牧、渔生产的农业企业，比如各类种植和养殖企业，这类农业企业与狭义的农业相对应，因此可以认为是狭义的农业企业；第二种类型是从事农产品加工的农业企业，即对农副产品进行综合加工和利用，比如粮食和肉类加工、水产品加工、酿酒、制茶等企业；第三种类型是从事农业生产有关的服务企业，比如从事农药、化肥、农业机械等农用品生产和制造的企业以及从事农产品贮藏、运输和农业科技服务的企业。此外，随着农业产业化的深入发展，还出现了农产品生产、加工、销售等纵向一体化的综合类农业企业。为了更好地聚焦研究对象，突出农业企业在农业产业化发展以及带动农户方面的关键作用，本书在前文 2.1.1 章节中把农业企业定义为：主要原材料和企业增加值来自农产品，从事农产品生产、加工、流通以及提供相关服务，以盈利为目的且具有独立法人资格的经济组织。这一定义强调了农业企业生产经营对象主要为农产品，其与农户有着千丝万缕的联系，对农户增收和就业具有直接的带动作用，是农业走向产业化经营的关键。因此，相对于一般工商企业而言，农业企业既具有一般企业的共性，也带有显著的农业产业的特殊性，具体体现在以下几个方面：

（1）经营领域上的涉农性。

农业企业区别于一般工商企业最为基本的特征在于其经营领域上的涉农

性，涉农性意味着农业企业与农业必然具有直接或间接联系，而农业是以土地资源为生产对象的，必然会受到地理位置、气候环境、水源土壤等自然条件的影响，因而被很多学者认为具有天生的"弱质性"。经营领域上的涉农性使得农业企业相比一般工商企业面临更多的经营风险。一方面，涉农性使得农业企业在承担着与一般工商企业相同的市场风险的同时还承担着很高自然风险，这是由农业生产特殊的劳动对象和生产过程决定的，农业生产的劳动对象是有生命活力的生物有机体，其生产过程包含了农作物的自然再生产过程，因此自然生态界的任何细微变化都可能会对其产生影响，比如光、温、水、风等因素的变化不但会影响农作物的产量，还会影响其质量，而这些自然因素都是农业企业自身完全无法控制的，即便是在农业生产技术快速发展的今天，农业依然没有完全摆脱"靠天吃饭"的局面，不可控的自然风险无疑加大了农业企业的经营风险。另一方面，农业生产通常具有明显的季节性，加上农作物的自然再生产过程会使得农业生产具有较长的生产周期，而农产品消费却有日常性和连续性，这种生产和消费上的不同步和不对称会使得农产品供给对价格反应具有明显的滞后性，这进一步加大了农业企业生产经营的市场风险。同时，农业生产较长的生产周期会造成农业企业资本周转速度相对于一般工商企业更慢，而资本的周转速度在很大程度上决定了其效益水平，这使得农业企业在单位时间内的盈利总额相对较少（曾庆芬，2007）。此外，农业企业提供的农产品大多是人们生活的必需品，在需求层次中处于最底层，因而具有较小的需求弹性，根据恩格尔定律，随着人们收入水平的不断提高，人们在食品等生活必需品上的支出比重呈下降趋势，这意味着农业企业面对的是一个相对有限的市场，而农产品单位价值低、产品易变质的特点又使其难以创造差异（卢凤君，2005），导致附加值普遍较低。综上所述，经营领域上的"涉农性"和农业的"弱质性"使得农业企业面对着更加复杂的经营环境，从而更加容易导致其经营成果上的"低效益性"。

（2）农业产业化中的主导性。

农业产业化经营的基本模式是企业加农户的模式，即以农业企业为龙头，以农产品基地为依托，实行生产、加工、销售一体化经营（尹成杰，2002）。在农业产业化经营中，农业企业占据着主导性地位，主要体现在

以下几个方面:

首先,农业企业是农业产业化经营的组织者。农业企业不仅要在农业产业化经营初期对项目进行广泛的调查研究和风险评估,建立基地并组织人力、物力、财力、技术等生产资料,而且在农业产业化经营过程中要对经营战略问题做出决策,对日常经营进行计划、管理和控制并掌握市场需求和动态信息。此外,农业企业还需要对供应链上下游的合作伙伴进行甄别,考量农产品经营品种、质量标准、营销方案及利益分配方案并对经营风险进行管理。其次,农业企业是农业产业化经营的带动者。农业企业为农户提供了一座进入市场的“桥梁”,把分散的农户与统一的市场连结起来,增强农户进入市场的能力,为农户进入市场并参与市场竞争创造了条件。农业企业按照市场需求带动农户发展生产,并利用自己的营销渠道和营销手段把农户生产的农产品推向市场,与消费需求联系起来,提高农产品的市场竞争力。因此,在农业产业过程中,农业企业生产经营的品种和质量标准很大程度上决定了农户生产的品种和标准,农业企业的生产经营状况也决定了农户生产经营的成败。再次,农业企业是农业产业化经营的服务者。农业企业不仅是农业产业化经营的带动者,同时也是服务者,农业企业为农户等农业生产经营主体提供多种社会化服务,比如农资供应、技术指导、培训、农机作业、疫病防治、产品收购、仓储运输、市场信息等,而且农业企业的介入往往为农户提供了相对廉价的信用入口,通过贷款担保、保费资助等方式为农户的再生产和扩大再生产提供帮助。

(3)作用上的多功能性。

农业企业作为一种内嵌于农业中的组织形态,必然具有其特定的功能和作用,对于农业企业的多功能性学者们具有较为一致的认同,但其多功能性具体体现在哪些方面,学者们则从不同角度进行了分析,本书2.1.2对现有观点做了一个大致的梳理。在参考现有文献的基础上,本书将农业企业的多功能性划分为基础性功能和辅助性功能。首先,农业企业作为一种企业形式具有一般企业的生产经营功能,即通过对农产品进行生产、加工或流通为社会提供产品和服务,并以此实现其自身的生存和发展,这也是其基础性功能。其次,农业企业还具有提高农业组织化程度、带动转变农业发展方式和带动农民就业增收等辅助性功能。第一，农业企业具有提高农业组织化程度的功能。自实行家庭承包经营以来，农户成为我国农业生产经营的主体，但是由于农户分散式的经营存在经营规模小、组织化程度低、抵御风险能力弱等明显的不足，导致其难以参与和适应国内、国际的市场竞争，而通过农业企业这一现代企业组织形式可以把分散的劳动力、资金、土地、技术等生产要素予以集中并进行合理组合，提高农业生产的组织化程度，实现农业生产的规模效益。第二，农业企业具有带动转变农业发展方式的功能。转变农业发展方式实现农业产业转型升级，其关键在于农业科学技术的发展，而农业企业代表着先进的农业生产力，是农业科技创新、应用和推广的重要主体，通过农业企业成长不仅可以辐射带动农业科学技术的发展，提高农业产业的科技含量和竞争力，同时，还可以提高农业生产中资源使用效率，减少农业环境污染，促进整个农业产业向依靠科技、内涵发展的现代化发展方式转变。第三，农业企业具有带动农民就业增收的功能。农业企业可以根据市场需求来帮助或协调农户安排农业生产，帮助农民提高产品质量或优化品种，降低农户直接进入市场的风险，减少市场交易成本，增加农民收入，此外，农业企业的发展壮大还会带动运输、包装等相关服务业发展，从而为农户提供更多从事非农经营活动的机会，带动农民就业增收。

（4）社会关系的复杂性。

农业企业经营领域上的涉农性、农业产业化中的主导性和作用上的多功能性共同决定了其具有比一般工商企业更加复杂的社会关系。首先，农业企业涉农性决定了农业企业是以农产品为主要原材料和生产经营对象的，农产品与人的与衣、食等基本生活需求息息相关的，农产品的质量安全和品质会直接影响到人们的健康，而农业生产分散、农产品流通环节多和利益相关者范围广导致农业企业很难仅通过自身的管理和控制保证产品的质量，事实上，中国大部分农产品质量安全事件都源于农产品供应链利益相关者在利益驱动下采取的机会主义行为（张蓓，黄志平，杨炳成，2014），而供应链任一环节的机会主义行为都可能会导致整条供应链上利益相关者的利益受损，威胁农业企业的生存和成长，因此，农业企业具有比一般工商企业更强的供应链利益依存度，农业企业的成长需要加强对整个农产品供应链的控制（Henson et al.，2005），并与供应链上下游企业保持良好的合作关系（Ziggers，Trienekens，1999）。其次，"农业企业 + 农户"是农业产业化的基本组织模式，这意味着农业企业必然会通过一定的利益联结方式与农户发生关系，通常体现为要素契约和产品契约（周立群，曹利群 2002），一方面，农业企业通过要素契约或商品契约的方式直接或间接从农户那里获取土地、劳动力和原材料等生产要素；另一方面，农业企业利用其现代化的生产经营管理方式，承担着带动农户进入市场、带动农业结构调整优化和农业科技进步、促进现代农业发展以及为农户提供专业化的社会服务等任务，从而带动农户就业增收，增进农户福利，从这个角度看，农业企业与农户之间体现为既互为条件又互为依托，既相互促进又相互影响的关系（畅小艳，白福萍，张勇宁，2003），然而，农业企业与农户作为不同的利益主体，双方的利益诉求存在很大不同，特别是在市场发生变化的情况下，由于契约的不完全性，机会主义行为时常发生，因此，农业企业与农户之间在利益分配上又体现为相互博弈的关系。再次，在与政府的关系上，鉴于农业在国民经济中的基础性地位和农业企业在农业产业化中的关键作用，政府希望通过促进农业企业的发展实现推进农业产业化经营、辐射区域农业经济发展和带动农民就业增收等政策目标，因此在"扶持农业产业化就是扶持农业、扶持龙头企业就是扶持农民"的政策理论下不断加强对农业企业特别是那些具有较大规模和较强带动能力的农业龙头企业的扶持力度，比如 2012 年国务院出台的《关于支持农业产业化龙头企业发展的意见》（国发〔2012〕10 号）从 7 个方面提出了 21 条政策扶持措施，涵盖了财政、税收、金融、贸易、技术创新等多个方面，从这个角度看，政府与农业企业之间在某种程度上体现为一种委托代理关系，即政府作为"委托人"委托作为"代理人"的农业企业通过其自身的发展辐射带动整个农业经济的发展从而实现其政策目标，并利用财政、税收等扶持政策对其予以激励。此外，农业企业在农业产业化中的主导性和作用上的多功能性也使其与金融机构、科研院所等网络主体具有更加紧密的联系，比如与金融机构展开合作以更低的成本获取扩大再生产所需资金，从而更好地实现农业生产的规模效益，通过与科研院所展开合作推进农业科技创新，带动转变农业发展方式等。

3.2.2　农业企业生态化成长的必要性

（1）农业企业生态化成长是生态农业发展的必然要求。

20世纪70年代以前，中国的传统农业走的是"资源—产品—废弃物—资源"的循环流动方式，农作物肥料主要来自家禽畜粪便、人粪及河塘泥等沤制的农家肥，农业的物质循环基本上处于封闭状态，可以看出，传统农业是一种以生态为基础的农业形式，具有低能耗、低污染等特征，但是传统农业同时存在科技含量低、生产率低下等明显不足，为了提高生产率和追求更高产量，人们开始在农业生产中大量使用化肥、农药、除草剂、饲料添加剂、塑料薄膜等化学制品，走上了所谓的农业现代化道路，而这一阶段的农业现代化实质上是一种石化农业，是以农药、化肥及其他化学制品的大量使用为特征的，石化农业的普及在极大地提高农业产量的同时也在很大程度上损害了农业生态系统的平衡，影响了农业的可持续发展（赫修贵，2014）。20世纪80年代初，在银川农业生态经济学术讨论会上，叶谦吉教授正式使用了"生态农业"这一术语，并对中国特色的生态农业的内涵进行了探讨，认为中国特色的生态农业是基于系统的思想，按照生态学原理和生态经济学原理，运用现代科技成果和管理手段，结合传统农业的有效经验建立起来的以期获得较高的经济效益、生态效益和社会效益的现代化农业发展模式（叶谦吉，1988）。此后，虽然不同的学者都曾对生态农业的概念给出过不同的定义（马世骏，1987；厉以宁，1991；钟晓青，1996；赫修贵，2014等），但对生态农业内涵的理解基本都包含了以下三点：第一，强调通过农业资源的综合利用以提高资源的利用效率；第二，强调对农业资源和环境的保护，注重经济、社会和生态效益的统一；第三，强调将传统农业的优势与现代科技和管理手段相结合，突出现代科技在生态农业发展中的作用。

可以看出，生态农业是现代农业的发展方向和必然趋势（李文华，刘某承，闵庆文，2010；檀学文，2010；李文，2014；赫修贵，2014），而农业产业化发展是现代农业的必经之路，很多学者结合生态农业和农业产业化提出了生态农业产业化的概念（李世泰，2006；汪虹，王丽玲，刘玉珍，2015 等）。农业企业作为农业产业化的重要主体和载体，其成长方式很大程度上决定了农业的发展方式，因此，农业企业成长方式的生态化转变对生态农业的发展起着至关重要的作用，其关键作用主要体现在以下几个方面：首先，农业企业生态化成长可以提高生态农业发展的组织化程度，有效地克服小规模分散经营的弊端，通过采用种养加、农工贸和产供销一条龙的经营体制，可以将农业的产前、产中、产后组成一个较完整的产业体系，从而在更高层次上和更大规模内实现经济和生态运行的良性循环，实现生态环境与经济社会的相互协调和可持续发展。其次，农业企业作为农业技术创新重要主体可以通过其生态化成长过程中的生态化创新和生态化的管理提高生态农业发展过程中的科技含量和管理水平，为生态农业的发展注入强大的动力；此外，通过农业企业对农户的带动作用在其实施生态化成长过程中对农户进行指导、培训，可以为生态农业的发展培养具有生态化理念和技能的新型农民，从而为生态农业的发展奠定基础。总之，农业企业生态化成长是生态农业发展的关键，也是生态农业发展的必然要求。

（2）农业企业生态化成长是适应外部环境变化的需要。

经过多年的发展，我国农业经济发展在取得巨大成就的同时，也由于过于片面追求农业经济增长而忽视了农业经济发展和自然生态化环境之间的协调，导致农业资源日益萎缩和农业生态环境不断恶化，严重威胁到农业经济的可持续发展和人们的生存与健康。农业生态环境的破坏主要表现为耕地减少、水土流失、土壤沙化、地力下降、水源污染以及过量使用化肥、农药、农膜等造成土地板结、农作物污染等方面（王跃生，1999）。农业生态环境的破坏不仅导致农业企业生产经营所需的耕地、水资源等更加稀缺和耕地质量的下降，使得农业企业生产经营成本不断提升，同时农药、化肥的残留以及重金属污染会导致农产品品质的下降，甚至导致农产品质量安全，从而严重影响农业企业的健康成长和可持续发展。因而，有些学者认为自然生态环境本身就是促使企业实施生态化的重要因素（Berry，Rondinelli，1998）。事实上，除了自然生态环境本身会驱动农业企业实施生态化成长，自然生态环境不断恶化还会导致农业企业外部环境发生一系列的变化。

首先，政策环境的变化。政府是公共利益的代表者，而自然生态环境具有"公共产品"的性质，因此，政府对于自然生态环境的保护具有不可推卸的责任。政府行使其环保职责的主要手段在于制定环保法律法规，环保法律法规被众多学者认为是企业实施生态化的重要驱动因素（Lampe et al.，1991；Vredenburg，Westley，1993；Lawrence，Morell，1995；Bansal，Roth，2000；Preuss，2002；徐建中，马瑞先，2007）。近年来，为了应对农业生态环境的日益恶化，我国政府相继制定出台了一系列的法律、法规和条例，从而进一步提高了企业环境保护标准，加大了对企业破坏生态环境行为的处罚力度，比如在《中华人民共和国环境保护法》这一基本法的基础上先后出台了《土地管理法》《渔业法》《水法》《水土保持法》《森林法》《草原法》《野生动物保护法》《水污染防治法》《大气污染防治法》《固体废物污染防治法》等生态环境资源保护单行法，并针对农业生态环境和食品安全出台了《基本农田保护条例》《土地管理法实施条例》《秸秆禁烧和综合利用办法》《全国农业环境监测工作条例（试行）》《农业环境监测报告制度》《农业部绿色食品产品管理暂行办法》《农产品质量安全法》《农药安全使用规定》《地面水环境质量标准》等一系列农业生态环境保护行政法规、部门规章以及地方法规，特别是 2014 年对《中华人民共和国环境保护法》这一环保基本法的修订和 2015 年的颁布实施，标志着环境保护在我国经济社会发展中具有更加突出的战略地位，而其中对环保违法行为更高的处罚标准和更严厉的处罚措施使得新环保法被称为"史上最严的环保法"。自然生态环境保护方面的法律法规的日趋完善和对环保违法行为处罚措施的不断升级势必会给农业企业传统的成长方式带来更高的环境成本，使其原有的依靠资源大量投入和高污染、高排放的成长方式面临巨大危机，从而很大程度上促使农业企业成长方式的生态化转变。

其次，市场环境的变化。随着人们生活水平的提高，面对日益恶化的自然生态环境，环保意识和食品安全意识也随之不断提升，消费者对生态化产品和服务的消费倾向日益明显，绿色消费理念开始深入人心，尤其是近年一些问题农产品的曝光，让消费者产生了一种对环境和食品安全的危机感，越来越多的消费者开始倾向于选择环保产品，甚至愿意为此付出更高的价格。绿色消费市场的悄然兴起使得那些仍然依靠非生态化方式生产经营的农业企业在市场竞争中逐渐丧失竞争优势，而为那些正在或者准备实施生态化成长的农业企业提供了广阔的市场机会。

最后，贸易环境的变化。20 世纪 70 年代以来，随着保护自然生态环境日益成为世界关注的焦点，农产品贸易环境也正在发生深刻变化，其中，绿色壁垒正取代传统的贸易保护手段，成为非关税壁垒的主流。绿色壁垒是一个国家以保护自然生态环境和人类、动植物的生命、健康和安全为由，以限制别国商品进口、保护本国市场为目的而采取的直接或间接限制甚至禁止贸易的带有歧视性的贸易障碍（田晓菁，2007；王启云，2008；王素芹，2008）。从整体上看，目前西方发达国家的经济发展和环保技术都处于较高水平，其对进口商品的生态化要求和标准也相对较高，绿色"门槛"的环保法律、法规以及苛刻的技术标准制定的主动权主要还是掌握在发达国家手中（田晓菁，2007）。自加入 WTO 之后，我国农产品出口频频遭遇国外的"绿色壁垒"，我国出口农业企业因此蒙受了巨大的经济损失，近年来，绿色壁垒实施的范围仍在不断扩大，农产品绿色壁垒的指标要求越来越高，绿色壁垒的实施体系也不断趋于缜密，这对我国农产品出口和农业企业进一步成长构成了严重压力和挑战（丁长琴，2010）。我国农业企业要突破绿色壁垒的限制，在国际农产品贸易市场中占据有利竞争位势，必须转变成长方式，将生态化理念贯穿企业整个活动过程，实施农业企业的生态化成长。

（3）农业企业生态化成长是实现自身成长的重要途径。

正如前面所说，企业生态化成长是一种积极的环境战略，农业企业实施生态化成长不仅仅是为了被动地应对自然环境的恶化和环境保护法律法规的要求，更重要的目的在于获得竞争优势和实现企业可持续的成长。

①低成本竞争优势。企业生态化成长是有别于传统的那种反应、被

动、服从式应对自然生态环境的一种积极的环境战略（Bulent, Seigyoung, Lucie, 2010），传统的污染防治主要采用的是废弃物末端处理的方式，这种处理废弃物的方式被认为是昂贵的、与企业价值创造无关的，因此会导致更高的企业成本，甚至是竞争优势的丧失（Walley, Whitehead, 1994）。而企业生态化成长作为一种积极的环境战略，是从一开始便着眼于提高资源的利用效率，通过生态化的流程设计和采用生态工程及技术创新手段，不断地改进实现环境友好的方式和方法，力求从根本上减少甚至消除污染物排放。实施生态化成长战略被认为会使企业获得成本优势（Christmann, 2000; Hart, 1995; Hart, Ahuja, 1996; Klassen, Whybark, 1999）。农业企业通过实施生态化获得低成本竞争优势主要体现在以下几个方面，首先，通过生态化技术的创新和运用提高资源和能源的利用效率，减少企业生产过程中对资源和能源的投入，从而使企业获得成本优势，比如节能、节水技术的开发和运用；其次，通过生态化生产流程设计实施清洁生产和废弃物循环利用可以减少废弃物的处置成本，比如在农业企业中常见的"种养结合"生态农业模式；最后，通过实施企业生态化成长可以使得农业企业减少因为违法环境法规而遭受的经济处罚以及因为环保事故而遭受的经济损失。

②差异化竞争优势。差异化是指企业提供各种产品或服务过程中，区别于其他竞争对手，提供有差异同时又足以能够吸引更多消费者的产品或服务（Porter, 1980, 1985），差异化的经济学意义是制造稀缺（芮明杰，李想，2007）。实施生态化是企业通过差异化获取竞争优势的重要途径（Hart, 1995; Shrivastava, 1995），对于农业企业而言，其原材料和提供的产品大多是农产品及其加工衍生品，而农产品与工业产品不同的是不管产品样式、形态怎么变化，其核心功能都差不多，尽管随着专业化分工的不断深化和农产品市场竞争的日益激烈，农产品之间的差异性也开始逐步显现，但是从整体上看，农产品的差异化程度仍然较低，即存在农产品的同质性（马少华，欧晓明，2013; 张胜荣，吴声怡，2013），从而导致农业企业生产的产品在市场上的替代效应明显，很难形成持续的竞争优势。而实施生态化成长是农业企业实现产品和服务差异化的重要途径，通过实施生态化成长战略，农业企业不仅可以提供更高品质的农产品和服务，还

可以突出产品和服务的安全、环保的特征，形成产品的差异化竞争优势，获得更高的利润和产品附加值，同时，实施生态化成长还会为农业企业树立良好的社会形象，提升企业品牌的社会美誉度，从而提升客户对企业产品和服务的忠诚度，实现可持续的竞争优势。

此外，自然生态环境是农业企业生存和发展的基础，尽管自然资源和生态环境具有较强的公共物品的性质，从短期来看自然生态环境承载力对经济系统的限制难以直接影响经济主体的行为，然而从长远来看，自然生态的破坏和资源的大量消耗必然会威胁到农业企业的生存和发展，事实上目前已经形成了相当大的威胁，农业企业出于自身可持续发展的考虑，必然要集约使用资源、保护生态环境，实施生态化成长。

3.2.3 农业企业生态化成长的特点

农业企业是构建现代农业产业体系的重要主体和载体，是推进农业产业化经营的关键，其具备经营领域上的"涉农性"、农业产业化经营中的"主导性"和作用上的"多功能性"等特征，这使得农业企业实施生态化成长也具有一些明显的特点，主要体现在以下三个方面：

第一，农业企业生态化和企业成长之间的矛盾更为突出。尽管很多研究表明，企业生态化与企业竞争优势及其成长之间具有明显的相关性（Porter，Van Der Linde，1993；Shrivastava，1995；Russo，Fouts，1997；Adam，Zutshi，2004 等），但从短期来看，企业实施生态化特别是想通生态化获得企业持续的成长其实是非常"昂贵"且具有较高风险性的（Walley，Whitehead，1994；Schaltegger，Synnestvedt，2002；Wagner，Schaltegger，2003，2004），是在一定程度上牺牲企业眼前的利益为代价的。然而，农业企业由于具有企业经营领域上的涉农性和经营成果上的低效益性，使其普遍存在规模较小、实力较弱且较长期地处于较低的发展水平，生存问题仍是大多数农业企业面临的主要问题，这导致很多农业企业迫于生存的压力仍然只是关注眼前的利益而缺乏长期可持续发展的战略规划，生态化和企业成长之间的矛盾在农业企业中相对于一般工商企业表现得更为突出。因此，农业企业实施生态化成长需要企业具有较高的前瞻性，能够敏锐地洞察外部环境和产业发展的变化趋势，识别其可能带来的威胁和机遇，并有效协调企业眼前利益和长远利益，从而形成与其内外部环境相匹配的生态化成长战略。

第二，农业企业生态化成长更加依赖于网络成员的支持。农业企业在农业产业化中的"主导性"、作用上的"多功能性"以及社会关系的"复杂性"使其相对于一般工商企业与供应链上下游组织有着更强的依存度，与政府部门、金融部门、科研院所以及同行业企业等诸多行为主体具有更加紧密的联系。其中，在农业企业生态化成长过程中，农户的生产方式是否生态化以及提供原材料的品质是否符合生态化都会对农业企业生态化成长的成败产生直接的影响，甚至会威胁到农业企业的生存，因此，与农户保持良好的、稳定的合作关系对于农业企业实施生态化成长具有至关重要的作用。此外，经营领域上的涉农性和经营成果上的低效益性导致农业企业自身资源的不足和自身能力的局限性，无法满足其实施生态化成长的需要，必须寻求网络中其他主体的支持，比如与供应链上下游组织展开专业化分工与合作共同解决生态化成长中的问题，加强与同行企业的沟通与交流从而通过技术扩散和知识溢出改进生态化技术和工艺，与金融机构保持良好的关系从而以更低的成本获得生态化成长所需的资金，与科研院所展开合作获取生态化成长所需的人才和进行生态化技术创新，与政府部门保持良好的关系以获得更多的政策支持等。因此，农业企业生态化成长不仅是自身成长战略和生产经营方式的转变，还依赖于整条供应链和整个企业网络的生态化转变。

第三，农业企业生态化成长更加强调生态化创新的重要作用。对于任何企业而言，生态化创新都是其通过生态化获取竞争优势的重要来源，而农业企业由于具有由于农业产业化中的"主导性"和作用上的"多功能性"，其生态化成长过程中更加强调生态化创新的重要性。2015 年中央一号文件指出，农业产业的发展必须从"主要追求产量和依赖资源消耗的粗放经营转到数量质量效益并重、注重提高竞争力、注重农业科技创新、注重可持续的集约发展上来"，即实施农业产业的转型升级。农业产业转型升级，其关键在于农业科学技术的发展，而农业企业作为农业产业化发展关键，代表着先进的农业生产力，是农业科技创新、应用和推广的重要主体，农业企业生态化成长过程中的生态化技术创新不仅可以辐射带动农业科学技术的发展，提高农业产业的科技含量和竞争力，同时，还可以提高农业生产中资源使用效率，减少农业环境污染，从而实现农业产业系统的生态化和技术化转型，因此，农业企业生态化成长过程中的生态化创新不仅是其自身获取竞争优势和实现成长的重要措施，而且还承担着引领农业产业转型升级的重要社会职能。

3.3　农业企业生态化成长中的核心要素

通过前面对农业企业组织特征和其生态化成长特点的分析，我们可以归纳出农业企业实施生态化成长过程中的三个核心要素，即生态化战略、生态化网络和生态化创新。

3.3.1　生态化战略：农业企业生态化成长的前提

战略是影响企业成长的根本性变量，是企业成长的逻辑起点（Nelson，1994）。企业战略是关于企业长期目标、经营范围、竞争方式及关键措施的一整套决策或行为模式，是不同要素在特定条件下形成的"共同构造"（Miller，Friesen，1982），对企业生存和发展起着十分重要的作用。而企业战略的形成过程其实质是实现组织内、外部环境之间的匹配过程（Hofer，Schendel et al.，1978），在动态变化的外部环境下，企业必须能够对其复杂的外部环境做出正确的分析和判断才能制定正确的成长战略（Chandler，1962），同时，在战略制定的基础上，企业还要能够通过配置企业资源、设计组织结构、建立激励机制、控制和领导等活动以保证其战略在企业生产、经营和管理等各环节的有效实施（Andrews，1965）。钱德勒（Chandler，1962）在其《战略与结构》一书中第一个对企业战略问题进行了专题研究，他强调企业战略的出发点在于适应环境，企业通过与环境之间的适应性互动产生的内部结构变革，即企业战略应该适应环境，而企业结构则应该适应企业战略。钱德勒"结构跟随战略"的思想得到了很多学者的认同，安索夫（Ansoff，1965）认为企业成长重要的是要做到企业与外部的匹配，而战略决策就是为了实现这种匹配，因此企业战略的基础是适应外部环境，企业制定战略必须充分考虑外部环境的变化。安卓斯（Andrews，1965，1971）认为环境的不断变化会产生机遇与威胁，企业的优势与劣势也将随着环境的变化不断地调整，而企业战略就是要避免外部环境变化带来的威胁并充分利用机遇，同时他还认为，虽然结构跟随战略是企业成长的逻辑的起点，但是组织结构在报酬、激励、控制和管理发展等方面会影响战略的制定。霍福（Hofer，1973）则基于企业内部资源与能力认为企业战略应该实现企业洞察机会和发现风险的资源、能力与外部环境存在的机会和风险之间的匹配。查菲（Chaffee，1988）更是在此基础上了提出了适应性战略模型。我国学者温兴琦（2005）也提出了类似的观点，认为企业战略的重要特性之一是它对环境的适应性。通过以上分析我们不难看出，如果把企业战略视为企业与环境之间的对话，那么环境的变化必然会导致对话方式的转变。在复杂、动态的环境背景下，适时地改变企业战略以满足环境的动态性已成为理论界与企业界的共识，而战略的改变可以通过适当改变内源主动模式对环境挑战做出的创造性反应，因此，企业战略既是"适应"又是"同化"（罗珉，2006）。

　　从战略管理的角度来看，农业企业生态化成长其实质是农业企业为了适应资源日益紧缺、环境破坏日趋严重并导致政策、市场、技术等外部环境系列变化而实施的企业战略生态化转变或战略选择，即为了实现可持续发展将生态化理念融入企业成长战略并贯穿于企业经济活动始末，通过对自身战略进行方向性调整并通组织构成要素及要素间关系的变动，使企业能够适应环境变化的过程（唐孝文，刘敦虎，肖进，2015）。因此，形成与外部环境相适应的生态化成长战略并保证其得到有效实施是农业企业实现生态化成长的前提。然而，由于农业企业发展中存在的一些不足，其生态化成长战略制定与执行似乎并不容易，并且成为当前我国农业企业生态化成长的首要障碍，主要体现在以下几个方面：

第一，农业企业生态化成长意识薄弱。推进企业生态化战略制定与实施的主体是企业的决策管理层（陈浩，2002），然而，我国农业企业经营管理者大多数都是刚刚从富裕农户角色转换过来，在面对激烈的市场竞争和农业本身固有的弱质性时，"小富即安"和经济利益至上的意识仍然在其经营思想中占据着主体地位，缺乏长远的战略规划和可持续发展的意识，生态化对于很多农业企业看来只是政府的行政命令，他们只需被动地服从，而不能将企业生态化和企业成长战略联系起来，缺乏环境管理的主动性和能动性（章先华，谢凡荣，贾仁安，2012）。

第二，农业企业信息化建设程度低。生态化战略的制定与实施虽然与企业家个人的生态化意识和见解有很大的关系，但是在动态环境中仅靠企业家个人的判断显然是不够的，必须建立在对外部政策、市场和技术环境变化和农业产业发展趋势的准确识别和预测基础之上的，只有及时获得企业外部环境信息、知识和机会，才能有效回避环境变化所带来的战略风险，形成正确的企业战略决策（唐健雄，2010）。由于我国大多数农业企业仍处于较低的发展水平，对信息化建设投入的严重不足，使得农业企业普遍存在内部信息系统不健全、数据处理技术落后、信息化建设程度低等的情况，因而无法及时捕捉、分析自然生态环境不断恶化带来的威胁与机会，阻碍其与外部环境的对话，大大降低了其形成生态成长战略和新的盈利模式的可能性和概率（刘巍，乔忠，2003）。

第三，农业企业管理控制水平低。企业生态化成长战略目标能否有效地实现很大程度取决于企业能否通过高效的管理和控制保证其生态化战略的有效执行，正如安德鲁斯（Andrews，1971）等学者所认为的，尽管企业结构是跟随企业战略的，但是组织结构在报酬、激励、管理和控制等方面的措施也会影响企业战略的制定和执行。由于农业企业根植于农业，受自然性、风险性和分散性等农业生态特点的影响和小农意识的羁绊，农业企业从管理理念、管理目标、管理策略到管理组织都较为传统，通常存在管理目标短期化、管理组织单一僵化和管理创新严重滞后等问题，这在很大程度上导致了农业企业生态化成长战略难以得到有效的实施。

3.3.2　生态化网络：农业企业生态化成长的基础

网络化是企业用于获取外部资源最为常用的方法（Jarillo，1988），在资源稀缺性和环境波动性日益凸显的背景下，环境中存在的不确定性经常超出单一企业个体所能控制和承受的范围，企业为了获得更多的有效资源从而控制环境的不确定性，发展必要的企业网络成为其理性的选择（Pfeffer，Salancik，1978）。企业网络可以帮助企业管理竞争中的不确定性和提高资源的相互依存性，构建良好的网络结构和网络关系是企业在复杂环境中获取信息、知识以及其他资源的基础（Burt，1992），企业网络因此被认为是企业重要的战略性资源（Freeman，Barley，1990；Nohriat，GarciaPont，1991；Shan，Walker，Kogut，1994）。通过建立有效的企业网络，不仅可以便于企业获取重要信息、知识和能力，帮助企业获得并发展技术，改进生产过程，同时企业网络还是企业减少交易费用和生产成本（Williamson，1985；Hannart，1988），抵御外部环境变化、波动和冲击（Miner，Amburgey，Stearns，1990）的重要途径，通过建立企业网络可以在不牺牲企业的独立性的前提下使企业获得规模经济和范围经济优势，因此，企业网络是企业战略目标顺利实现的重要基础和支撑（Burt，1992；Glasmeier，1991；Ahuja，2000）。

农业企业实施生态化成长需要大量生态化方面的资源，比如信息资源、生态化管理人才和经验、生态化技术和工艺等，仅靠其自身有限的资源和能力难以实现其生态化成长，因此，围绕其生态化成长战略目标构建一个有利于其实施生态化成长的网络关系和网络结构是其成功实施生态化成长基础，本书把这样围绕生态化成长战略目标而构建的的企业网络称之为生态化网络。哈肯松（Hakonsson，1987）把网络定义为具有参与活动能力的行为主体在主动或被动的参与活动过程中，通过资源的流动在彼此之间形成的各种正式或非正式关系。根据这一定义，本书认为农业企业生态化网络同样由行为主体、资源和活动三个基本要素构成，其中行为主体为农业企业及其他组织和个体，资源包括物质资源以及生态化方面的信息、技术、知识等有形资源和无形资源，而活动则表示各行为主体间的相互作用，三种要素相互依赖、相互作用、相互影响，共促进农业企业生态化网络的发展。

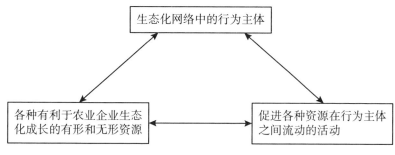

图3-1 农业企业生态化网络基本构成

　　然而，上述归纳只是从整体上对农业企业生态化网络进行了描述，并没有给出其具体的构成要素，麦克埃维利，扎赫（McEvily, Zaheer, 1999）根据企业间网络关系的连接关系将其划分为与供应商（上游企业）之间的关系、与客户（下游企业）之间的关系、与同行企业之间的关系、与政府相关部门之间的关系、与科研院所之间的关系等，这为本书确定农业企业生态化网络的行为主体提供了一定的依据，但这一划分并没有体现出各行为主体间的层次关系。本书借鉴我国学者魏江（2003）对产业集群的划分思路，根据各行为主体在农业企业生态化网络中的作用及定位，将其分为核心层要素、辅助层要素和外围层要素等三个层次，只有各行为主体通过合适的活动在这些要素之间合理配置资源，才能促进农业企业的生态化成长。

　　农业企业生态化网络的核心层要素主要是从事种植养殖、农产品生产加工、农产品流通和服务的各类农业企业，这些农业企业基于产业关联的经济技术合作与竞争关系构成了核心层的网络层面（张聪群，2007；孙凌宇，2012）。从纵向来看，这些农业企业分布在农业产业链的各个环节并环环相扣，处于任何一个环节的农业企业实施生态化成长都需要其他环节的农业企业予以配合，因此他们之间更多的是基于专业化分工和交易的合作关系，连接他们的是农业产业链之间的物质流和价值创造。从横向来看，众多相同类型的农业企业处于农业产业链的同一环节，他们以相同原材料提供几乎同质的产品和服务，连接他们的是生态化技术的扩散和知识溢出，因此，在生态化成长过程中他们之间体现为竞争与合作的关系。

农业企业生态化网络的辅助层要素主要是为农业企业生态化成长提供物质流、人力流、技术流、信息流和资金流的各类行为主体，他们是以共同服务核心层要素为纽带而形成的支持性网络，主要包括农户、科研院所、金融机构以及提供配套措施的其他企业。其中，农户通过契约关系为核心层提供土地、人力等要素资源，按照契约的对象和性质一般分为要素契约和商品契约两种（周立群，曹利群，2002），要素契约是直接围绕着要素形成的，通常表现为"反租倒包"，即农业企业先从农户那里租用土地使用权，然后再雇用原来依附于土地上的农民为其工作，把农民转变为农业产业化经营的工人，在要素契约中农户为农业企业直接提供土地、人力等要素资源。而商品契约则是围绕着农产品形成的，最为简单的形式是农业企业与农户签订合同，并约定按照市场价格收购其按合同要求生产的农产品。商品契约实质上是通过农产品交易，农户间接地为农业企业提供了土地、人力等要素资源。要素企业和商品契约都有可能存在中介组织的介入，中介组织的介入尽管可能会改变契约各方的利益分配和影响契约效率，但并没有改变农户与农业企业之间关系的本质。科研院所主要通过向核心层的农业企业提供生态化的技术、知识和管理以及与农业企业合作进行生态化创新形成以技术为纽带的合作关系。实施生态化成长前期需要大量的人财物的投入，而资金缺乏是农业企业普遍存在的问题，因此金融机构是农业企业生态化网络中不可获取的重要主体，金融机构通过提供资金支持与核心层企业产生联系。此外，在辅助层还包括提供咨询、中介、物流和其他服务的企业，它们都会以其特定的方式与核心层产生联系。

农业企业生态化网络的外围层主要包括政府、市场和公众。其中政府通过制定环保法律法规和提供政策支持引导资源在核心层朝着有利于农业企业生态化成长的方向流动，而市场则体现为消费者对生态化产品和服务的偏好，通过价格机制调节使核心层各种资源自发、有效地按照生态化的要求进行配置，此外，随着公众环保意识日益觉醒和可持续发展的理念不断深入人心，社会公众对于生态环境的利益诉求也会通过社会舆论在很大程度上影响核心层资源配置活动和流动方向。因此，政府、市场和公众通过不同的方式影响着核心层的资源流动活动，与核心层的农业企业产生联系，他们共同构成了农业企业生态化网络的外围层。

综上所述，农业企业生态化网络的具体构成要素以及要素之间的关系如图 3 - 2 所示，核心层是基于产业关联的各类农业企业之间竞争与合作关系形成的网络层面，其要素之间的资源流动主要是基于产业链的农产品资源流动和产业内的生态化技术扩散及知识溢出，核心层要素与辅助层要素之间主要是支持性的资源流动，而核心层要素与外围层要素之间的资源流动主要是政策资源、市场资源和关于生态环境的人文资源等，三个层次共同构成了农业企业生态化成长的网络基础。

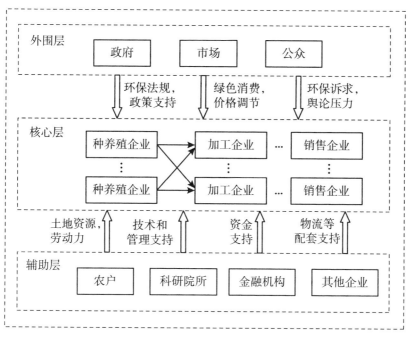

图 3 - 2　农业企业生态化网络关系

3.3.3　生态化创新：农业企业生态化成长的关键

最早把"创新"这一概念作为经济学的基本范畴纳入理论体系的是美籍奥地利经济学家熊彼特（Schoumpeter，1912），其《经济发展理论》一书中，创新被定义为"把一种从来没有过的生产要素和生产条件的新组合引入生产体系中"，创新在于"建立一种新的生产函数"，是促进经济增长的重要"内生变量"。然而，熊彼特对创新定义过于宽泛且非常抽象，使得企业在实践中难以对其进行识别和把握（Hansen，Wakonen，1997）。20 世纪 50 ~ 60 年代，在新技术革命浪潮的推动下，技术创新在创新中的主导位置日益凸显，因此很多学者更倾向于基于技术创新的角度诠释创新的含义，比如米尔斯，马奎斯（Myers，Marquis，1969）将创新定义为技术变革的集合。进入 20 世纪 70 年代以后，随着对技术创新在实践应用越来越广泛，人们对创新内涵的理解也更加深入，组织、制度和文化等非技术因素的创新开始被逐步纳入创新理论研究体系。我国学者傅家骥（1998）对企业创新做了一个较为全面的定义，他认为企业创新是企业以获取商业利益为目标，重新组织生产条件和要素，构建新的生产经营系统，从而推出新的产品、新的生产工艺，开辟新的市场或建立企业的新组织，包括技术、组织、制度和文化等一系列活动的综合过程。尽管对创新的内涵不同的学者在理解上还存在不一致，但创新是企业成长的主要动力是创新理论的普遍观点（杨景岩，李凯飞，2006）。

20 世纪 90 年代以后，随着生态化实践的蓬勃发展，创新在企业生态化中的关键作用开始得到国内外学者的广泛关注，生态化实践不仅是一个创新作用逐渐凸显的过程，也是生态化创新相关概念不断涌现的过程（董颖，2011），先后出现了环境技术创新（Skea，Jim，1995）、绿色创新（Carlao，Philip，2000）、环境创新（Rennings，Zwick，2003）等多种概念，但究其本质，基本上都是指以环境绩效改善为导向或能够带来显著环境绩效改善的创新。福斯，詹姆斯（Fussle，James，1996）提出了生态化创新的概念，并把其定义为"显著减少环境影响并能给顾客和企业增值的新产品和工艺"，此后，国内外学者对生态化创新的界定进行了大量的探讨（刘思华，1997；Kemp，Arundel，1998；Kemp，Foxon，2007；吕玉辉，丁长青，2007；Kemp，Pearson，2008；Oltra，Jean，2009），本书借助肯普，皮尔森（Kemp，Pearson，2008）的定义，认为企业生态化创新是指企业为了防止或持续降低环境危害、污染及资源使用中有害影响发生，生产、采用或开发具有新颖性的产品、生产工艺、服务或管理及经营方法的过程。

对于农业企业生态化成长而言，生态化创新是其通过生态化获取竞争优势和实现成长的关键环节，主要体现在以下几个方面：首先，生态化创新能够产生新的价值创造。熊彼特认为创新是价值创造的来源，而价值创造包含两个方面的含义，一是要有价值的提高，二是要有新的价值成分（胡宗良，2007），农业企业通过生态化创新一方面，可以为顾客和消费者提供更安全、更健康和更高品质的产品和服务，提高农业企业为顾客提供的产品和服务的价值，农业企业也会因此获得更高的销售和利润，从而进一步提高企业的价值；另一方面，生态化创新相比一般创新还增加了环境保护的价值，使得农业企业在提升自身价值的同时增加了社会和环境的整体价值。其次，生态化创新能够产生竞争优势。农业企业通过生态化创新改进生产工艺和流程可以提高资源使用效率，降低资源成本从而使企业获得"成本领先"优势（Kemp，Horbaeh，2008），而且生态化创新还是企业获取和转化资源及塑造资源差异的一种有效途径（Teece et al.，1997），通过生产生态化的产品和塑造企业绿色形象可以帮助农业企业取得差异化优势从而获得高额的市场回报（Hart，1995；Reinhardt，1998；Shirvastava，1995）。此外，农业企业组织和管理的生态化创新能够使其更加灵活地应对市场的变化，帮助农业企业及时把握市场机会，从而有效提升农业企业成长绩效（Grossman，Helpman，1994）。

然而，生态化创新相对于一般创新面临着更多的障碍（Nameroff，Garant，Albert，2004），比如袭特陈斯等（Hitchens et al.，2003）认为生态化创新的主要障碍包括市场价格无法反映生态化产品或服务的生态化技术投资成本；抛弃传统技术采用新的生态化技术的复杂性和高额投资；法律法规以及产业标准不明确对生态化创新实施及推广带来的负面影响；生态化创新的基础不完善，生态化创新信息不畅通以及市场需求不足等。农业企业自身的一些特点也使其生态化创新存在诸多障碍，其中生产经营领域的涉农性导致低效益性，使得农业企业普遍存在规模较小、实力较弱且较长期地处于较低的发展水平，而农业企业生态化创新在技术上通常以生物技术、化学技术和信息技术为主，创新过程具有长周期性，需要持续的资金和技术人员投入并且要有与之相适应的管理和制度支持（朱卫鸿，2007），同时农业企业生态化创新不仅要面临来自市场的风险，创新过程中还会受到来自自然的影响，双重风险造成了农业企业生态化创新风险明显大于其他类型的企业。此外，大多农业企业创新主体的角色意识淡薄，观念陈旧，在生存和发展的压力下只注重短期效益，缺乏进行生态化创新积极性和主动性。因而，农业企业生态化创新面临的诸多障碍导致的生态化创新不足是当前农业企业生态化水平不高，难以通过生态化实现成长最为关键的原因。

第 4 章

企业能力与农业企业生态化成长

本章基于企业能力理论，从企业能力与企业成长、企业能力与企业生态化的关系入手，认为企业生态化成长需要具备与之相适应的企业能力即企业生态化成长能力，在前文对农业企业生态化成长理论分析的基础上，借鉴现有文献中企业能力结构的研究，构建了农业企业生态化成长能力体系，并对农业企业生态化成长能力与其生态化成长的关系进行了分析，为后面理论模型的构建奠定了基础。

4.1 企业能力与企业生态化成长

4.1.1 企业能力与企业成长

（1）资源基础观的观点。

资源基础的企业能力理论是沃纳菲尔特（Wernerfelt，1984）、巴尼（Barney，1986）等在潘罗斯（Penrose，1959）的企业成长理论的基础上发展形成的，其核心观点认为企业是一系列战略资源的集合，企业拥有异质性的资源是其持续竞争优势的源泉，并强调可以通过企业内部资源的积累和培育来创造竞争优势从而使企业获得成长（Wemerfelt，1984；Barney，1986，1991）。企业异质性资源不仅包括一般意义上的资源，还包括内部稀缺的生产流程、商誉、专利、专有技术以及和客户、社区乃至政府这样的制度参与者形成的制度资本等（Olive，1997）。可以看出，资源的"异质性"假设是基于资源基础观成长理论的基础，资源的异质性体现在资源的供给有限，至少其供给不可能快速扩大，所以这些企业可以因拥有对这些资源的"垄断"而获得超过平均利润的租金（Peteraf，1993）。如果各种战略性资源在所有相互竞争的企业中处于均匀分布且可以自由流动的话，企业不可能利用其获得持续的竞争优势（Barney，1986）。因此，企业要获得成长必须要具有一定的内部资源条件，尤其是那些具有异质性的战略性资源，这是资源基础理论的推导逻辑基础。

（2）核心能力理论的观点。

核心能力理论继承和发展了资源基础观关于"异质性"产生竞争优势的观点，认为使得企业获得竞争优势和成长的是具有独特性、稀缺性和不可模仿性特征的核心能力，不同的是，核心能力理论认为决定企业竞争优势的能力应该是企业积累性知识以及各种技能有机组合，而不是单纯的企业资源（Prahalad，Hamel，1990）。然而企业核心能力理论对于究竟什么是企业的核心能力始终没能给出精确的、令人信服的界定，导致学术界和实践部门不同的学者和企业家都只能按照自己的视角去理解它，到20世纪90年代中后期逐步形成了核心能力的技术观、组织观、知识观和文化观等几种主要观点，其中，技术观认为企业技术创新能力和技术水平的差异是企业异质性存在的根本原因（Patel，Pavit，1997），组织观认为企业组织的协调能力、整合能力和灵活性是企业保持竞争优势最为关键的因素（Prahalad，Hamel，1990），知识观认为核心能力是使企业独具特色并为企业带来竞争优势的知识体系（Barton，1992），文化观则认为企业中难以完全仿效的有价值的组织文化是企业最为重要的核心能力（Barney，1986；Durand，1997）。但总的来说，企业核心能力理论认为企业拥有的核心能力才是企业长期竞争优势和企业成长的源泉，积累、保持和运用核心能力应该成为企业长期的根本性战略。

（3）动态能力理论的观点。

动态能力的概念是提西，皮萨诺，书恩（Teece，Pissano，Shuen，

1997）等基于企业在动态外部环境下如何建立持续性的竞争优势的思考提出来的，即"企业整合、建立以及重构企业内外部能力以便适应快速变化环境的能力"。动态能力理论秉承了熊彼特"创造性毁灭"的思想和演化经济学中组织惯例①观点，认为在某一特定的时间点内，企业的组织惯例决定了企业的独特能力，然而组织惯例具有路径依赖的特点，这使得组织惯例的改变变得十分昂贵，当企业处于动态变化的环境中，企业要获得竞争优势和成长必须具备进行"创造性毁灭"的动态能力。温特（Winter，2003）认为动态能力有别于一般的运营能力，运营能力承担着企业日常经营活动，而动态能力则是以战略变革为导向的能力，能够给企业带来成长的能力。赫梅莱夫斯基，帕拉迪诺（Chmielewski，Paladino，2007）认为动态能力能够帮助企业提高应对环境变化的有效性、速度和效率，并最终改善企业的绩效，实现企业成长。多挪维奇，克里奥瑟纳斯（Drnevich，Kriauciunas，2011）研究表明，动态能力能够使企业利用感知到的机会通过对企业经营的调整，实现降低成本和提高经营绩效的目标。权（Kwon，2013）认为在动态变化的环境下，动态能力是竞争对手难以模仿的一种企业核心能力，反映了企业更新其资源基础，及时应对环境变化的能力，能够帮助企业获得卓越的绩效并实现企业成长。可以看出，尽管对于动态能力与企业成长间关系的"本质"仍未达成一致观点（Salunke，Weerawardena et al.，2011），但普遍认为它们之间存在着一定的关系，特别是在动态变化的环境下，企业动态能力对于企业持续竞争优势的取得以及企业的成长具有十分关键的作用。

综合以上观点，本书认为，资源特别是异质性的战略资源是企业能力的基础，获得、运用和协调各种资源的核心能力是企业成长的决定性因素，在动态环境下，能够促使核心能力动态转化的能力，即动态能力是企业获得动态竞争优势，实现企业不断成长的源泉。

---

① 组织惯例是指整个组织内活动的重复性模式（Nelson，Winter，1982），组织惯例嵌入到多种组织现象之中，涵盖了组织结构、规则、过程、传统、战略、技术以及企业文化等诸多方面，是组织层次的隐性知识，在组织惯例的基础上组织得以构造和运作（Levitt，March，1988）。

4.1.2　企业能力与企业生态化

在现有的研究中，基于企业能力视角对企业生态化进行系统的研究并不多见，但仍有不少学者针对企业生态化某一方面或几个方面的问题对企业应该具备的资源和能力进行了有益的探讨，这些观点大多散落在不同的文献当中。Hart（1995）认为资源基础理论由于忽视自然生态环境因素，在面对自然生态环境问题考验的现实情况下存在明显的不足，因此他将自然生态环境的影响纳入资源基础观，构建了自然资源基础观（natural-re-source-based view）的分析框架，并认为企业的持续创新、利益相关者整合、共同愿景是企业实施生态化战略的关键资源和能力。克里斯特曼（Christmann，2000）认为企业生产工艺的创新能力有助于通过企业生态化实现成本优势。克罗，布论南（Crowe，Brennan，2007），贝尔基奇，博德维斯（Berchicci，Bodewes，2005）等认为与企业生态化相关的持续创新能力是企业实现生态化和可持续发展的重要资源，会对企业生态化进程起到强有力的推动作用。马库斯，格芬（Marcus，Geffen，1998）研究表明从企业外部环境中寻求人才、技术和理念来解决环境问题是企业实施生态化的重要能力，戴尔，辛格（Dyer，Singh，1998），沙夫曼等（Sharfman et al.，2009），李，金（Lee，Kim，2011）等学者则进一步强调了网络关系在企业实施生态化过程中的重要作用，他们认为企业通过建立和发展网络关系，积极地与网络成员就自然生态环境问题展开合作，会更快速、更廉价和更有效地解决自然生态环境问题。霍夫曼，格雷戈里，克雷格（Hofmann，Gregory，Craig，2012）在研究中小企业生态化问题时认为，洞察外部环境中生态化技术的发展动态并选择先进技术的能力、与供应商和客户展开合作的能力以及创新能力是中小企业成功实施生态化的重要能力因素。

我国学者在研究企业生态化的问题时尽管较少提及能力的概念，但对于企业生态化中的一些关键因素的探讨也暗含了企业能力的因素，陈浩（2003）认为实施企业生态化必须能够在战略上协调企业个体和社会整

体、眼前利益和长远利益的关系，在生产经营方式上改变企业外部不经济
的生产方式和利润的最大化的经营目标，在生产工艺上实施生态化的技术
改造，实现经济效益和生态效益的共同提升，其中，生态化生产工艺和技
术的开发和运用是我国企业生态化中最关键的影响因素。刘志坚（2006）
认为企业实施生态化过程中不能只着眼于公司本身，还应从全局考虑了解
整个企业网络的状况以及企业在网络中扮演的角色，基于企业网络的综合
考虑制定生态化战略不仅可以使企业自身得利，还能使网络成员共同受
益，从而形成生态化网络中的良性循环，使企业得以持续健康发展。孙晓
伟（2010）认为有效的制度安排企业生态化的重要驱动和影响因素，他
所指的制度安排不仅包括政府的生态化激励制度，还有企业内部的生态化
管理制度以及企业与政府部门的合作机制。徐建中，王莉静（2011）基
于创新视角对企业生态化进行了研究，认为企业生态化本身就是一种创
新，其成功实施有赖于企业组织、技术和管理的创新以及与外部企业的联
系、沟通和联盟，同时，企业信息化技术平台建设有利于企业知识、资源
的共享和实现企业内外部资源整合，从而促进企业的生态化。

4.1.3　企业生态化成长的能力基础

根据企业能力理论，企业作为一种在不断变化的经济环境中生存和发
展的有机体，长期积累的内部能力是其构成的基础（Winter, 2000），而
企业能力是一系列特定活动的资源、知识、技能及其组合，企业能力与对
应的活动是紧密联系在一起的（Day, 1994）。在不确定的动态环境下，
企业会不断审视其现有能力能否与现有活动相匹配，当能力出现衰退而不
能满足需求时，就会要求企业构建出新的能力来保持竞争优势的延续
（Lavie, 2006）。企业生态化成长作为一种新型的成长方式，也是一种特
殊的企业活动，必然要求实施生态化成长的企业具备与之相适应的企业能
力，现有的研究在很大程度证实了这一观点。

哈特（Hart, 1995）认为企业成长将不可避免地受制于自然生态系
统，在未来，企业战略的制定和竞争优势的获取必将根植于其实现经济和

自然生态可持续发展的能力。在 Hart 看来，能够实现经济和自然生态可持续发展其本身就是一种企业能力。沙尔曼，弗里登伯（Sharma, Vredenburg, 1998）的研究表明，企业生态化方面特殊能力的产生与企业积极的生态环境战略有关，而这些能力产生后又会对企业竞争力产生积极的影响。克里斯特曼（Christmann, 2000）也认为通过实施生态化战略实现企业成长并不是直接完成的，需要形成特定的、具有互补性的企业能力，并且只有当企业各项活动与生态化战略相一致、与现有能力相匹配时才能得以实现。相似地，普拉杂·乌比达等（Plaza-Úbeda et al., 2009）的研究也表明企业必须具备一定的附加条件，即必须具备一定的能力，才能使得生态化方面的战略得以实现。阿尔伯托，沙尔曼（Alberto, Sharma, 2003）则认为企业实施积极的生态环境战略依赖于一些具体的和可识别的能力，比如利益相关者整合能力、持续创新能力和高阶学习的能力，这些能力不仅能够帮助企业实现低成本，比如提高资源利用效率和生产力，减少资源的投入和浪费等，而且还能够帮助企业实现差异化，比如突出产品的安全性和环保设计，强调为绿色消费者提供生态化的产品和服务，而这些能力都是隐性的，具有不可替代性、难以模仿性、路径依赖以及顾客的价值增值性，因此会产生竞争优势。科尔（Kerr, 2006）基于动态能力的观点也认为实施企业生态化需要一定的能力，而且这种能力具有动态能力的一些特征。达纳尔，爱德华兹（Darnall, Edwards, 2006）通过对上市公司的研究表明，上市公司具有较强的互补性企业能力，因此其实施积极的环境战略时相对于一般的企业具有较低的成本。

可以看出，尽管现有研究没有明确提出企业生态化成长的能力构成，但是企业想要通过生态化实现企业成长必然需要一定的能力基础，这似乎已经是很多学者的共同观点。基于这样的理解，本书提出企业生态化成长能力的概念，认为企业生态化成长能力是内嵌于企业生态化成长过程，为了应对资源日益短缺和生态环境破坏日趋严重导致的复杂、多变的外部环境，通过对企业资源进行重新配置、整合和创新，调整自身行为和成长路径，形成生态化成长方式所需具备的企业能力体系，体现为一种动态能力，是在企业生态化成长过程中企业积累性学识、技能、理念的综合体现，具有独特性、稀缺性和短期难以模仿性等特征，这种能力内嵌于企业生态化成长过程中，通过与企业战略、企业运营、企业创新、企业制度和文化契合得以积聚和发展的，并最终决定企业生态化成长的方向、速度和界限。因此，本书认为，企业生态化成长能力是企业实施生态化成长的基础和决定性因素，换句话说，企业只有具备了相应的生态化成长能力才能够成功地实现企业生态化成长。

4.2　农业企业生态化成长的能力体系构建

4.2.1　农业企业生态化成长能力体系构建依据

对于企业能力的结构和层次，国内外学者都做了一些探讨。亨德森（Henderson，1994）把企业能力分为组件能力和架构能力两个层次，其中组件能力反映的是企业单个单元的工作能力，而架构能力则反映的是组件之间的合作效率因素。曼吉娜（Manzina，1997）将企业能力划分为系统观察能力、独特能力和独特能力的具体化三个层次。艾森哈特，马丁（Eisenhardt，Marti，2000）认为企业能力由企业完成具体的战略与组织过程的能力构成，包括产品开发、结盟和战略决策能力。（O'Reilly Ⅲ，Tush-man，2008）在讨论如何破解创新者困境实现企业成长时认为，企业应该具备机会捕捉能力和整合、重构两个方面的能力，其中机会捕捉能力是指战略洞察能力、制定和执行正确战略的能力，而整合和重构能力是指企业针对新的增长机会重新配置资源的能力。吴（Wu，2010）把企业能力分为资源整合能力、学习能力和资源重构能力三个维度。富兰，格兰地奈提（Furlan，Grandinetti，2011）将企业能力划分为职能能力、关系能力和动态能力三种类型。

从国内方面看，我国学者范明，汤学俊（2004）和李宇凯（2010）对企业可持续成长能力进行了研究，把企业可持续成长能力划分为产业力

维度、技术力维度、制度力维度、市场权力维度等四个维度。王核成
（2005）将企业能力划分为三个层次，即主导能力、战略管理能力以及基
于价值链的能力，其中主导能力是企业成长的主要动力源，战略管理能力
主导着企业成长的方向，价值链能力具体化的确保企业正常运营的各项要
素的总和。李允尧（2007）在其博士论文中将企业能力视为一个包含内
核能力、主导能力和基础能力的能力体系，其中，企业内核能力包括学习
能力与创新能力，它们对其他能力和企业成长起根本性和决定性的作用；主
导能力包括企业家能力与战略能力，它们对企业的成长起主导性的作用；基
础能力包括技术能力与组织能力，它们企业的内核能力和主导能力起着支撑
作用。计东亚（2012）在对创业企业能力的研究中认为创业企业能力包括
生存能力、占位能力和突破能力三个方面。唐健雄（2008）对企业战略转
型能力进行了研究，认为战略转型能力包括环境识别能力、资源整合能力、
管理控制能力和持续创新能力等四个维度，并通过实证研究阐明了企业战略
转型能力对企业成长的促进作用。孙凌宇（2012）在研究资源型企业绿色
转型成长中认为资源型企业绿色转型能力包括战略洞察能力、网络协调能
力、管理控制能力和绿色创新能力等四个方面，并对资源型企业绿色转型成
长能力和其绩效之间的关系进行了实证分析，分析结果表明资源型企业绿色
转型成长过程中四个方面的能力对其成长绩效均具有显著的正向影响。

　　从现有企业能力结构的文献中我们不难发现，尽管不同的学者对企业
能力的结构和维度进行了不同的划分，但普遍认为企业能力并非某一单一
的能力要素，而是由对企业成长具有关键作用的一系列能力要素相互作
用、相互协同，共同形成的一个能力体系，主要集中在：第一，企业战略
方面的能力，这部分能力包括对外部环境感知、识别、战略决策以及通过
管理控制保证企业战略有效实施等方面（Manzina，1997；O'Reilly Ⅲ，
Tushman，2008；王核成，2005；李允尧，2007；计东亚，2012 等）。第
二，协调和管理企业内外部资源的能力，包括关系能力、资源获取和整合
能力等方面（O'Reilly Ⅲ，Tushman，2008；Wu，2010；Furlan，Grandi-
netti，2011；唐健雄，2008；孙凌宇，2012 等）。第三，企业创新方面的
能力，包括技术创新、产品开发、生产流程的改进以及为了实现持续创新

的各种保障支持能力（Eisenhardt，Martin，2000；范明，汤学俊，2004；李允尧，2007；李宇凯，2010 等）。

在对现有企业能力结构研究文献梳理、总结的基础上，结合本书第三章对农业企业组织特点、农业企业生态化成长核心要素的分析以及本章第 1 节企业能力与企业生态化的分析，本书从企业战略、企业网络和企业创新三个方面构建农业企业生态化成长的能力体系，认为农业企业生态化成长能力包括生态化战略能力、生态化网络能力和生态化创新能力三个能力要素。

4.2.2　生态化战略能力

战略能力是企业从事战略活动以实现企业长期战略目标的能力（Lenz，1980），包括对外部各类环境变化反应的能力和制定战略的能力（Harrison，1997）。戴（Day，1990）认为战略能力并非单一的能力，而是一系列能力的集合，是"能够使企业组织活动和利用它们资产的复杂的技能和累计知识的集合"。张叶涵（2012）基于动态能力的思想把企业战略能力定义为企业在动态环境下进行一系列战略性活动以实现长期发展所具有的总能力，是一种能够识别战略意图，有效进行环境分析和制定战略决策的动态能力。在复杂的动态环境下，环境的不确定性要求企业通过培育和发展战略能力，主动、快速、准确地感知与响应外部环境的变化（Moitra，Ganesh，2005），从而使得企业获得更高的效能（Zollo，Winter，2002），因此，战略能力被很多学者认为是动态环境下企业持续优势的重要来源（Bharadwaj，Varadarajan，Fahy，1993；King，1995；Hamel，Valikangas，2003；Lee et al.，2002；Ahrned，2007；杨斌，赵长轶，揭筱纹，2007）。

对于农业企业生态化成长而言，生态化的企业战略是其实施生态化成长的前提，为其生态化成长提供全局性的指导。根据前面的分析，本书认为农业企业生态化战略能力包括三个方面的要素：第一，生态化战略洞察能力。生态化战略洞察能力是企业适时地把握环境的变化，洞察外部环境变化给企业带来的威胁和机会的能力。在资源和环境约束不断凸显的背景下，农业企业外部环境正发生着剧烈变化，并对农业企业的生存和发展产生重大影响，而与此同时，材料科学、生物科学和信息科学等领域研究的突飞猛进以及环保技术和资源循环利用技术的快速发展为农业企业转变成长方式、实施生态化成长提供了技术前提，政府对生态化产业和生态化企业扶持力度的不断加大以及消费者对生态化产品和服务越来越明显的偏好为农业企业生态化成长提供了有利政策环境和市场环境，因此，在对外部环境信息进行收集和综合分析的基础上，对企业面临的威胁和机遇进行识别是农业企业实施生态化成长的基础和前提。第二，战略匹配能力。安德鲁（Andrews，1971）提出了企业战略在外部环境提供的机会与威胁同公司的强项及弱项应匹配（Match）的观点，在随后的研究中战略匹配的概念被广泛接受与运用。（Markides，1999）提出了动态战略的观点，认为由于环境的持续变化，战略面临动态适应及发展，匹配亦是动态过程，即一个匹配被不断打破而又不断重建的过程。因此，农业企业实施生态化成长战略仅仅能够识别外部环境提供的机会与威胁是不够的，还应该具备根据外部环境的变化动态地调整成长战略并有效组织内外部资源的能力，即战略匹配能力。第三，战略执行能力。战略目标能够有效实现最终还是取决于战略的执行，战略执行能力是指企业通过管理控制各种资源和机制实现成长目标的综合能力。农业企业要实现生态化成长战略，必须具备与生态化战略相匹配的组织结构、制度安排及流程设计，建立完善的生态化内部管理控制体系，能够对企业生产运营中的生态化情况进行有效的监督和控制，同时，还需要建立有效地与生态化成长战略相衔接的激励策略，引导和激励企业各层面的员工在实施生态化成长过程中的工作热情和主观能动性，创造性地实现农业企业的生态化成长战略。

4.2.3　生态化网络能力

生态化网络能力反映的是农业企业构建生态化功能网络以及与网络成员互相沟通、协调，对网络活动中的生态化资源进行整合等方面的能力。事实上，企业是不可能孤立存在的，必定嵌入一定的社会关系中，其成长也必然受到社会关系的影响（Watson，2007）。哈坎森（Hakansson，

1987）首先提出了网络能力的概念，认为网络能力是企业改善其网络位置和处理某单个关系的能力。摩勒等（Möller et al.，1999）认为网络能力首先是一种关系管理能力，能够帮助企业建立与伙伴的信任机制和信息共享机制，并最终获得更多的机会和资源。瑞特尔（Ritter，2000）指出，网络能力能够帮助企业在评估不同外部关系的重要性和其中蕴含的机会基础上，鼓励和协调网络中其他行动者的资源和能力，通过协同创新达到改善工艺和流程的目的。任胜钢（2010）在摩勒（Möller，1999）等关于企业网络能力的研究基础上，把企业网络能力定义为企业通过识别外部网络价值与机会，发展、维护和利用各层次网络关系以获取信息和资源的动态能力。该定义包含了发展、维护网络关系和利用网络关系获取资源两个方面的内容。

农业企业在农业产业化中的主导作用和在供应链的核心地位使其相对于其他工商企业与供应链上下游组织具有更强的依存度，与同行业企业、政府相关部门以及科研院所等有着更加密切的联系，而农业企业经营领域上的涉农性和经营成果上的低效益性等特点又导致其较长时期处于较低的发展水平，企业内部资源相对匮乏，在动态变化的外部环境下难以通过自身的力量实现生态化成长。农业企业生态化网络的基本构成要素是农户、合作社、企业、政府部门、金融部门、科研院所等诸多行为主体以及他们之间的活动和各类资源，网络活动的结果导致关系的产生，而关系作为一种资源，并不是没有成本的，需要企业投入一定的管理资源和财务资源（徐金发，2001）。网络关系能力是一种建立和维护恰当强度的联结从而在网络中形成强关系和弱关系的才能（冉龙，2013）。农业企业生态化网络关系能力着眼于把农业企业与其他行为主体的网络关系看成是资源和能力的组合，通过组合来发挥协同效应，提高企业的生态化成长能力。因此，具备构建生态化功能网络并与网络成员间保持良好的沟通和协作关系能力即生态化网络关系能力，对于农业企业成功实现生态化成长至关重要。其次，生态化网络能力还体现为网络资源整合能力。沃尔特等（Walter et al.，2006）将网络能力界定为利用组织间网络关系，从外部网络主体获得各种资源的能力。而网络资源整合能力是指企业从网络中获取所需资源以及获取所需资源后将其进行绑聚以形成合力的能力（Sirmon，

Hitt，Ireland，2007）。正如前文所述，农业企业的生态化成长不仅是其单个企业的生态化，而是整个企业网络的生态化，农业企业只有很好地利用企业网络关系，充分挖掘企业网络中的生态化资源，才能形成整体的竞争优势，实现其生态化成长。而生态化网络资源整合能力可以帮助农业企业对外部生态化资源和力量进行有效整合，最大效率地发挥网络各节点企业有限的资源优势，从而达到降低成本、提高竞争力的目的。

因此，本书认为具备与网络成员保持良好的合作关系并从企业网络中准确、快速地获取其生态化成长所需的资源，实现内外部资源高效整合的能力即生态化网络能力是农业企业成功实施生态化成长的能力基础。

4.2.4 生态化创新能力

尽管企业创新能力被许多学者认为是企业获得竞争优势的重要能力（Moneetal，1998；Hurley，Hult，1998；Hult，1999；Ireland et al.，2001；Crossan，Apaydin，2009），但是对于企业创新能力的内涵和维度的划分仍没有形成统一的认识。博格里曼（Burgelman，1993）认为企业创新能力是支持企业创新战略的一系列综合特征，不仅与企业技术方面的能力有关，而且与制造、营销、人力资源管理的能力有关，企业的创新能力是促进与支持创新战略的组织特性的全集。许庆瑞、魏江（1995）认为创新能力是支持创新战略实现，由产品创新能力和工艺创新能力两者耦合并由此决定的系统整体功能。李金明（2001）把创新能力定义为企业创新地组合企业稀缺资源的能力。他同时还指出，企业创新能力是以人、企业知识、企业价值观、惯例或制度作为基础的，不仅仅是技术的创新能力，还包括制度、文化方面的创新能力。陈维亚（2010）认为企业创新能力是企业各种能力的组合，其中技术创新能力是其中的核心要素，但制度创新能力、管理创新能力等相关支持创新能力以及它们之间的协同对企业创新能力都有重要的影响，因此企业创新能力反映的是企业应对市场与环境的一种综合性的能力。可以看出，随着学者对创新能力认识的不断拓展，非技术要素逐渐成为创新能力的重要组成部分（Stieglitz，Heine，2007）。

　　对于农业企业生态化成长而言，生态化创新是其获得竞争优势的主要途径和关键因素，通过生态化技术创新，农业企业可以形成自身生态化核心技术、工艺和产品，从而在市场竞争中获取超额利润，而通过生态化制度、管理和文化等方面的创新可以为其持续的生态化技术创新提供条件和土壤。农业企业生态化创新能力不仅包括快速创造并进行推广生态化工艺、产品和服务的生态化技术创新能力，还包括一系列比如企业制度、组织结构、组织学习、企业文化、人才管理等创新支撑条件的集合，我们统称为生态化创新支持能力。生态化技术创新能力是农业企业生态化成长中形成和保持竞争优势的关键，而生态化创新支持能力是企业技术创新能力的基础要素，是企业技术创新能力得以形成和发展的土壤。

　　根据以上分析，本书构建农业企业生态化成长能力体系如图 4 - 1 所示，农业企业生态化成长能力包括生态化战略能力、生态化网络能力、生态化创新能力 3 个能力要素，而这 3 个能力要素又包括生态化战略洞察能力、生态化战略匹配能力、生态化战略执行能力、生态化网络关系能力、生态化网络资源整合能力、生态化技术创新能力、生态化创新支持能力等7 个子要素。

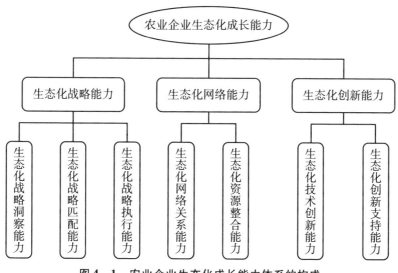

图 4 - 1　农业企业生态化成长能力体系的构成

4.3　农业企业生态化成长能力与其生态化成长

4.3.1　生态化战略能力与农业企业生态化成长

首先，企业战略行为是一个复杂、动态的过程，其中所涉及到的因素具有不确定性、模糊性、偶然性等特点（Huff，Kay，1987），在很大程度上取决于企业对环境的认知、信息收集以及处理能力，而这恰是影响企业战略决策过程及其决策结果的关键因素（何大安，2004），换句话说，企业战略行为会受到其搜寻和处理信息能力的限制（Fiske，Taylor，1991），企业对环境信息的认知能力决定着企业战略对环境变化反应的效率（Nad-karni，Narayanan，2007），而胡赛全等（2014）认为，战略能力本质上就是获取外部信息和整合内部信息的能力，企业战略能力越强，获取外部信息和整合内部信息的能力就更强。其次，企业战略的形成过程其实质是实现组织内、外部环境之间的匹配过程（Hofer，Schendel et al.，1978），企业战略的重要特性之一是它对环境的适应性（温兴琦，2005），即通过获取、运用、整合相应的资源形成"共同构造"去适应组织外部环境的过程，而在动态环境下，企业战略也是一个动态过程，是一个匹配被不断打破而又不断重建的过程，而每一次匹配的重建都意味着内部资源的重构，这必然导致企业原有生产经营流程、组织管理模式和行为方式的转变，即对原有惯例的"创造性毁灭"（Grant，2003），而这一过程是由内隐知识或社会复杂性组织过程所支持，根植于不断积累的企业知识和技能之上并通过内部管理使其得以培育和巩固的（庞鹏，揭筱纹，2009），企业将组织内各项资源通过企业价值链的紧密衔接与职能部门间沟通协调等有机组合，在使得资源与环境匹配的基础上形成有价值的、稀缺的和难以模仿的有形和无形资产，会为企业带来经济租金，使得企业获得竞争优势（Hart，Dowell，2011），从而有助于企业获得高成长绩效（Lerner，2002）。同时，当企业具有较强的战略意图时，会主动明确发展目标，积极构建与之相适应的企业能力，并获得成长动力（丁宇等，2015），从这个角度上看，企业战略能力是企业获取持续竞争优势和实现成长的重要原动力（杨斌，赵长轶，揭筱纹，2007）。而在战略已经制定的情况下，战略执行就成为企业绩效差异的关键因素，有效的战略执行能力能够更好地服务于企业内外部资源的整合和配置，实现企业业务的持续增长（Zott，2003；Helfat，2007）。

生态化战略能力是从战略层面为农业企业实施生态化成长提供支持的，包括生态化战略洞察能力、生态化战略匹配能力和生态化战略执行能力三个方面。从目前的现实情况来看，农业企业在生态化和企业成长之间的矛盾较为突出，有些农业企业具有较高的生态化水平但成长缓慢，而更多的农业企业则是为了实现短期效益仍然采用传统的非生态化的成长方式，真正实现生态化成长的农业企业并不多见，其中很重要的原因在于没有把企业生态化和企业成长在战略上统一起来，形成与农业企业内外部环境相匹配的生态化成长战略并加以有效实施，而生态化战略能力能够在三个方面对农业企业的生态化成长起到促进作用。首先，生态化战略能力强调对外部环境信息的识别，即生态化战略洞察能力，事实上，资源大量消耗和生态环境破坏日趋严重导致农业企业外部环境不断发生变化，资源稀缺性更加突出、环保政策法规日益严格、市场需求生态化转变、国际贸易中绿色壁垒范围的不断扩大以及消费者和居民生态环境诉求不断提升对农业企业的生存和发展形成了巨大威胁，而与此同时，生态化科技等领域研究的突飞猛进，环保技术和资源循环利用技术的快速发展，政府对生态农业的大力提倡和扶持以及消费者对生态化农产品越来越明显的偏好为农业企业转变成长方式，实现生态化成长提供了空前的机遇，生态化战略能力的培育和提升能够有助于农业企业识别外部环境的变化，提高对环境变化反应的效率，使其更为有效地洞察外部环境带来的威胁与机会，从而促进农业企业成长方式的生态化转变。其次，农业企业涉及行业众多，且在所有权性质、发展阶段、企业规模上都存在很大差异，因此农业企业实施生态化成长并不存在一个统一的和固定的范式，农业企业生态化成长战略的制定必须与其内外部环境相匹配，即实现农业企业内部资源——成长战略——外部环境三者之间的匹配。其中，外部环境是动态变化的，这就要求农业企业必须具备在及时识别外部环境变化信息的基础上，对其生态化成长战略进行动态调整，同时对自身内部资源和能力进行重构的能力，即生态化战略匹配能力，生态化战略匹配能力能够帮助农业企业实现三者之间的动态匹配，从而提高其生态化成长在战略上的适应性和有效性，为其生态化成长战略的顺利实施提供基础。最后，农业企业生态化成长战略目标能否有效实现不仅取决于战略本身的适应性和有效性，更取决于战略有效执行的能力，即运用各种资源和机制实现生态化成长战略目标的生态化战略执行能力。相关文献表面，战略目标难以实现的关键原因之一是企业战略无法贯彻到企业的日常经营管理活动中（Kaplan，Norton，1996；Aaltonen，Ikavalko，2002），因此，农业企业生态化成长战略目标的有效实现要求农业企业具备相应的能力，将模糊的长期战略愿景转换为短期具体的可供执行的行动目标和举措，将总体战略指标细化为各部门甚至是个人的绩效指标并加以有效的控制和激励，从而保证生态化成长战略的顺利实施。

通过以上分析可知，生态化战略能力通过生态化战略洞察能力、生态化战略匹配能力和生态化战略执行能力等三个方面的能力共同作用，为农业企业生态化成长战略的识别、形成和执行提供支持，从而促进农业企业生态化成长战略目标的实现。

4.3.2　生态化网络能力与农业企业生态化成长

随着专业分工的不断细化和全球一体化加快推进，任何企业都无法脱离现有的社会关系而孤立地生存和发展，而单个企业也无法拥有企业生产经营过程中所需的所有资源，企业必须通过适度的嵌入外部网络来实现自身的多重目标。特别是对于农业企业而言，其经营领域上的涉农性、农业产业化中的主导性和作用上的多功能性共同决定了其具有比一般工商企业更加复杂的社会关系，围绕其生态化成长战略目标构建一个生态化网络是其实施生态化成长的重要基础。生态化网络能力反映的是农业企业构建生态化功能网络，与网络成员互相沟通、相互协作，保持良好关系以及从网络活动中的获取和整合生态化资源等方面的能力。

事实上，良好的网络关系本身就是一种特殊的资源和能力，迈德哈万，科卡，普莱斯科特（Medhavan，Koka，Prescott，1998）认为网络关系是企业拥有的最有价值资源之一，它能够为企业带来持久的经济租金（Lorenzoni，Lipparini，1999）。尽管农业企业具有多种类型，但无论是种植养殖类、农产品加工类、农业服务类或是综合类的农业企业，都具有较为复杂的社会网络关系，本书在前面把这种网络关系划分为三个层次，即核心层、辅助层和外围层，良好的生态化网络关系能力能够帮助农业企业建立和保持与网络成员之间的合作关系，从而促进农业企业的生态化成长。一方面，通过建立生态化网络并与其他网络主体形成一种相对稳定的、长期的分工协作关系可以突破企业边界从而产生规模经济和范围经济，比如通过与供应链上下游保持长期、稳定、深入的合作关系可以有助于农业企业基于整条供应链对产品和生产流程进行生态化设计（Geffen，Rothenberg，2000），提高资源使用效率的同时更加快速、廉价和有效地解决环境问题（Dyer，Singh，1998；Sharfman et al.，2009；Lee，Kim，2011），并最终带来企业环境绩效和企业成长绩效的提升（Bonifant et al.，1995；Christmann，Taylor，2002）。另一方面，农业企业的网络成员是由各个利益主体组成的，他们具有不同的具体目标和各自的利益诉求，因此在农业企业实施生态化成长过程中遇到利益冲突时很容易产生利己化的倾向和机会主义行为，这种机会主义行为会出现在农业企业网络的核心层，同样也会存在于辅助层和外围层，其中，农业企业与农户之间的机会主义行为最为学者们所关注，并围绕着如何更为有效地建立农业企业与农户之间的关系和利益联结机制问题形成了大量的研究成果（周立群，曹利群，2002；常向阳，戴国海，2003；郭红东，2006；杨荫，蒋寒迪，2008；杨慧，蔡文著，2013；等等）。良好的生态化网络关系能力能够有助于农业企业通过生态化网络规划、管理和整合使得各网络主体的利益与农业企业生态化成长趋于一致，从而形成一个各网络主体相互协同、互相依赖的网络利益共同体，从而起到从源头上防范机会主义行为的作用，降低农业企业生态化成长过程中的交易成本。

此外，生态化网络能力还强调生态化网络资源整合能力，而网络资源的获取和整合是建立在良好的网络关系之上的，通过培育和提升生态化网络能力，加强对网络关系的维护和管理，可以帮助农业企业可以更为有效地从网络成员中获取土地、人力、资金、知识、技术等有利于其实施生态化成长的优质资源，并通过内外资源的高效整合产生完全不同于以往单个企业或竞争对手的资源禀赋差异，而这种由企业特质与网络资源相结合的资源因为其存在因果模糊、社会复杂、路径依赖和时间压缩不经济等原因具有难以模仿性和难以替代性（方刚，2008），因而会为农业企业带来竞争优势，从而促进农业企业的生态化成长。

4.3.3　生态化创新能力与农业企业生态化成长

创新往往可以使企业能够在一个较长时期的动态成长过程中获得独特资源禀赋和知识（Makadok，2001），而创新能力是隐藏在组织创新行为中的惯例（Eisenhardt，2000），是企业有效地开展创新活动的能力基础，因此被众多学者认为是企业获得竞争优势和实现企业成长的主要能力（Hult，Ketchen，2001；Ireland，2001；Moneetal，1998；Crossan，Apaydin，2009）。农业企业实施生态化成长战略的制定和实施本身就是一种创新，是对传统成长方式的突破和"创造性毁灭"，这必然要求农业企业按照生态化成长的要求进行生产工艺、流程以及组织管理模式等方面的一系列创新以适应其生态化成长战略的需要，而生态化创新能力反映的是农业企业生态化成长过程中实施生态化技术创新和变革企业制度、调整组织结构、促进组织学习和塑造企业文化等为其持续地生态化技术创新提供支持的能力。

根据克罗地亚，克劳斯（Claudia，Klaus，2014）的观点，生态化技术创新至少可以分为两种类型，一种是针对能源和资源利用效率的创新，比如通过技术创新降低每单位产量物质能量消耗比率，另一种是针对减少负外部性的创新，比如通过技术创新减少空气、水、土壤的污染和有害物质的排放，同时，他们还认为基于资源利用效率的生态化创新可以带来负外部性的减少，因为污染本身就是能源和资源低效率使用的结果，因此企业生态化创新可以同时实现环境绩效和经济绩效的提升。安东涅蒂，马祖齐（Antonietti，Marzucchi，2013）的研究则表明，只有当企业生态化创新同时针对原材料的使用效率和减少负外部性时才能够提高企业的生产效率，而针对末端处理的生态化技术创新只能带来环境绩效的改善，对企业的经济绩效可能会产生负面的结果。根据前面的分析，农业企业生态化成长是一种积极的环境战略，其目标不仅仅是被动地采取末端处理以应对环保法律法规，更重要的在于通过生态化实现资源利用效率最大化和废弃物排放最小化并由此获得企业竞争优势持续提升和企业的成长，因此农业企业生态化成长过程中的生态化技术创新不仅强调对生态化方面绩效的改善，还强调对其成长绩效的提升。一方面，通过生态化技术创新改进生产工艺和流程，可以有效提高农业企业资源使用效率并同时减少污染物的产生和排放，这不仅能够节约农业企业资源投入成本和减少废弃物处置成本，使其在竞争中获得"成本领先"优势从而提升经济绩效（Kemp，Horbaeh，2008），而且还能够有效提高其环境绩效。另一方面，生态化技术创新还是农业生态化成长过程中获取差异化竞争优势的一种有效途径（Teece et al.，1997），通过生态化技术创新改变资源基础和能力，农业企业不仅可以为顾客和消费者提供更安全、更健康和更环保的生态化产品和服务，通过提高产品和服务的品质获得更高的销售和利润，而且还能通过树立生态化的品牌形象和良好的社会声誉从而获得更广泛的竞争优势。

此外，生态化技术创新并非凭空产生的，其过程需要大量信息、知识和资源的积累，在动态的外部环境下，农业企业的生态化技术创新也非一劳永逸的，必须根据外部环境的变化不断地进行生态化技术创新才能获得持续的竞争优势，而这需要企业制度、组织结构、组织学习和企业文化等诸多方面的支持，这些条件的组合共同构成了农业企业生态化创新体系中的基础性能力要素，它们不仅为农业企业的生态化技术创新提供机制支撑，还深刻地影响着其生态化创新资源的组合和运作方式，并最终对农业企业的生态化成长产生影响。

第 5 章

研究假设和理论模型的建构

根据前文对农业企业生态化成长以及农业企业生态化成长能力构成的理论分析，本章将生态化战略能力、生态化网络能力和生态化创新能力三个能力要素纳入一个整体的分析框架，探讨它们之间以及与生态化成长绩效之间的关系，提出相关假设并在此基础上构建基于企业能力的农业企业生态化成长理论模型，开发问卷并进行预测试。

5.1 农业企业生态化成长能力各要素
维度构成及相互关系

通过前文的分析我们知道，企业生态化成长能力是企业为了应对资源日益短缺和生态环境破坏日趋严重导致的复杂、多变的外部环境，通过对企业资源进行重新配置、整合和创新，调整自身行为和成长路径，形成生态化成长方式所需具备的企业能力体系，而农业企业生态化成长能力是企业生态化成长能力在农业企业这一企业类型中的具体体现。基于第 3 章和第 4 章的理论分析，本书认为农业企业生态化成长能力由生态化战略能力、生态化网络能力和生态化创新能力三个能力要素构成，进而提出假设：

假设 1：农业企业成长能力包含生态化战略能力、生态化网络能力和生态化创新能力 3 个能力要素。

5.1.1 生态化战略能力的维度构成

楞次（Lenz，1980）在提出战略能力概念时认为战略能力应该包含对各种环境反应的能力和制定战略的能力。普拉哈拉德（Prahalad，1983）则指出，战略能力是企业构建并执行各种战略的能力。戴（Day，1990）强调了战略能力并非单一的能力，而是包含一系列能力组合的能力，因此应具有多个维度。莱默尔（Lemer，2002）从企业内外部环境出发，认为战略能力取决于对环境的感知和企业的战略规划。林忠、韵江（2006）认为战略能力是指对战略的整合和把握能力，主要包括战略感知、战略分析和战略选择。勾丽（2010）认为战略能力分为战略制定能力和资源整合能力两大类，其中战略制定能力包括战略意图、环境分析和战略决策制定；资源整合能力则包括资源协调、资源选择和资源重构。张叶涵（2012）则认为战略能力包括战略意图识别、战略环境分析和制定战略决策等三个方面的内容。基于现有研究，结合本书4.2.1节对农业企业生态化战略能力的分析，本书认为农业企业生态化战略能力包括生态化战略洞察能力、生态化战略匹配能力和生态化战略执行能力三个方面的内容，并提出以下假设：

假设 2：农业企业生态化战略能力包括生态化战略洞察能力、生态化战略匹配能力和生态化战略执行能力 3 个维度。

5.1.2 生态化网络能力的维度构成

摩勒，哈里恩（Möller，Halinen，1999）从四个层面分析了企业网络管理能力所包含的结构维度，即网络构想能力、网络管理能力、关系集合管理能力和单项关系管理能力。克里斯蒂娜，爱诺（Kristian，Aino，1999）对将企业网络能力分为网络管理能力和组合管理能力两个维度。穆，栢娜戴特（Mu，Benedetto，2012）认为企业网络能力包括网络构建能力、网络关系管理能力以及网络关系利用能力。徐金发，许强，王勇

（2001）认为企业网络能力主要包括网络构想能力、网络角色管理能力和
网络关系组合能力等三个方面。任胜钢（2010）认为企业网络能力包含
了发展、维护网络关系和利用网络关系获取资源两个方面的内容。韵江，
马文甲，陈丽（2012）将企业网络能力归纳为网络战略能力、网络过程
能力和网络关系能力。冉龙（2013）将企业网络能力分为网络关系管理
能力和网络配置管理能力，范钧，郭立强，聂津君（2014）则将网络能
力划分为网络规划、网络配置、网络运作、网络占位能力等四个维度。基
于现有研究，结合本书4.2.2节对农业企业生态化网络能力的分析，本研
究认为农业企业生态化网络能力包括生态化网络关系能力和生态化网络资
源整合能力两个方面的内容，并提出以下假设：

假设3：农业企业生态化网络能力包括生态化网络关系能力和生态化
网络资源整合能力2个维度。

5.1.3　生态化创新能力的维度构成

伯格里曼（Burgelman，1993）和我国学者魏江、许庆瑞（1995）都
曾认为企业创新能力是支持企业创新战略实现的一系列综合特征的全集，
不仅包括技术方面的能力，还包括管理、营销、企业制度、企业文化等方
面能力，是由两者耦合并由此决定的企业系统整体的功能。何亚琼，秦
沛，苏竣（2005）在研究网络关系对中小企业创新能力的影响时认为中
小企业创新能力包括创新投入能力、创新研发能力、创新实现能力、创新
管理能力等四个方面的内容。唐健雄（2010）将企业持续创新能力划分
为技术创新、制度创新、支持创新三个维度。孙凌宇（2012）在研究资
源型企业绿色创新能力时将其分为技术创新、制度创新、结构创新三个维
度。禹海慧（2015）认为狭义的企业创新能力一般是指企业的技术创新
能力，但制度创新能够为企业创新提供制度化的动力，因此她将企业创新
能力划分为技术创新和制度创新两个方面。根据现有的研究，结合本书
4.2.3节对农业企业生态化创新能力的分析，本书认为农业企业生态化创
新能力包含生态化技术创新能力和生态化创新支持能力两个方面的内容，

并提出以下假设:

假设 4:农业企业生态化创新能力包括生态化技术创新能力和生态化创新支持能力 2 个维度。

5.1.4　农业企业生态化成长能力各要素之间的关系

生态化战略能力、生态化网络能力、生态化创新能力作为农业企业生态化成长能力的三个要素,他们之间体现为相互依存、相互作用的关系。首先,生态化战略能力是农业企业生态化成长能力系统的前提要素,是农业企业生态化成长能力由外而内、内外结合特性的窗口,为农业企业的生态化成长提供整体设计和指明方向,通过扫描外部环境洞察生态化成长所面临的威胁与机遇,预见错综复杂的环境变化和产业发展趋势,选择与企业内外部环境相适应的生态化成长战略并予以执行,为生态化网络能力、生态化创新能力提供运行的前提。生态化网络能力是农业企业生态化成长能力系统的基础要素,通过进行网络关系管理和生态化网络资源整合对内外部资源进行选择、配置和有机融合,使生态化战略能力的运行提供更具柔性的基础,为生态化创新能力的实现提供更加广阔和丰富的平台。生态化创新能力是农业企业生态化成长能力体系的关键要素,农业企业实施生态化成长其根本目的是为了实现和保持持续的竞争优势,生态化创新能力是其竞争优势的重要体现。一般而言,企业以技术为导向的战略能够增强企业网络能力,因为具有技术导向的企业会表现出与其他合作者较高程度的技术交融,使得技术人员能通过企业边界与外部进行沟通交流,有利于网络能力的培养(Ritter,Gemunden,2004)。此外,通过生态化技术创新和生态化组织、文化、制度的变革能够为生态化战略能力注入新的活力,使企业转变成长方式,形成新的生态化经营管理模式成为可能。

综上所述,本书认为农业企业生态化战略能力、生态化网络能力和生态化创新能力之间是相互作用、相互影响的关系,而农业企业生态化成长能力则是三种能力持续竞争协同作用过程中实现的自我提升和演化。因此,基于以上分析,本书提出以下假设:

假设6：农业企业生态化战略能力与生态化网络能力之间存在显著的正向相关关系。

假设7：农业企业生态化战略能力与生态化创新能力之间存在显著的正向相关关系。

假设8：农业企业生态化网络能力与生态化创新能力之间存在显著的正向相关关系。

此外，本书认为，在农业企业生态化成长过程中，三种能力是同时发挥作用的，时间上不存在明显的先后次序，但是对于三种能力整体协同产生的生态化成长能力，三种能力可能具有不同的影响程度，即它们在农业企业生态化成长能力构成中的重要性是存在差异的。同样，对于三种能力的构成子要素，实现各能力的最佳协同效应也是按照不同重要程度进行匹配的。换句话说，要实现农业企业生态化成长能力系统的协同效应，其能力要素即生态化战略能力、生态化网络能力、生态化创新能力是按照不同的重要程度进行匹配的，而这样的匹配性同样也体现在各能力子系统的构成要素重要性排序上，即各能力子系统的内部构成要素也是按照不同重要程度进行匹配的。根据这样的分析，本书提出以下假设：

假设9：在农业企业生态化成长能力中，生态化战略能力、生态化网络能力、生态化创新能力的重要性排序不同。

假设10：农业企业生态化战略能力、生态化网络能力、生态化创新能力的各构成子要素的重要性排序不同。

5.2 农业企业生态化成长绩效的维度构成

农业企业生态化成长是一个最终实现农业企业生态化效益不断提高和企业成长绩效持续提升的动态过程，而绩效表示组织特定时间内的可描述的工作行为和可测量的工作结果，因此，生态化成长绩效是农业企业实施生态化成长可观测的目的与结果。从农业企业生态化成长的定义中我们可以看出，农业企业生态化成长的目的与结果包含两个方面的内容，即企业生态效益的提升和农业企业自身的成长。因此,本书认为农业企业生态化成长绩效包含生态化绩效和成长绩效两个维度。

5.2.1　生态化绩效

企业生态化绩效是企业生态化活动的成绩和效果,在其他条件不变的情况下,企业生态化绩效与其生态化投入正相关。企业生态化绩效表现在两个方面:一方面,生态环境质量的变动,包括污染物排放水平、周边环境的改善、环境资源使用效率的提高以及有毒有害物质消耗量的降低;另一方面,表现在生态环境质量变动所引起的企业价值变化,比如降低了资源投入的成本,减少了因为环境而产生的费用等,企业生态化绩效反映了企业的生态化水平(郑季良,邹平,2005)。杨东宁,周长辉(2004)也认为,对企业生态化绩效的考察应该同时考虑两个方面:一是企业生态化行为对自然生态环境的影响,二是企业生态化行为对企业自身组织能力的影响。他们认为,前者导致企业改善生态化绩效的外在驱动因素的形成(比如,环境法律法规要求、利益相关者的要求和消费者的选择等),而后者则促进企业改善生态化绩效的内部驱动力的出现,而企业组织能力是其财务绩效的首要内部作用要素(杨东宁,周长辉,2004)。在实践中,往往采用不同的指标来衡量企业生态化绩效,比如,排污量最小化、降低能耗、节约资源、减少风险、环境损害赔偿等。

5.2.2　成长绩效

尽管国内外众多学者对企业成长概念的认识各有侧重,但大家对企业成长本质的理解基本上是趋于一致的,即企业成长是一个企业从小到大、由弱到强的发展过程。对于企业成长绩效,一般认为包括两个方面的内容,即量的增长与质的提升。量的增长主要体现在数量方面,比如资本的扩张、产值和销售额的提高、员工数量的增加等;企业质的提升主要指企业竞争力的提升,比如赢利能力的增强、品牌价值的提升等。实践中,企业成长通常是通过一定时期成长性指标进行衡量和测量，比如近三年或五年的评价销售收入成长率、利润增长率、产值成长率等（汪强，2003）。对于农业企业而言，由于其区别于一般工商企业的独特性质，其成长绩效除了体现在与一般工商企业相同的自身"量"的增长和"质"的提升，还体现在对农户的带动作用，即带动更多的农户就业和带动更多的农户增收。崔海云，施建军（2013）认为农业企业的成长绩效包括经济绩效和社会绩效两个方面，其中经济绩效指市场占有率、投资回报率、销售利润率等增长情况，而社会绩效是指农业企业承担社会责任的效果。崔宝玉，刘学（2014）认为农业企业处于市场和政策的双重导向下，其扮演着多重角色，既要为社会提供各类农产品，为国家贡献利税，同时还要带动农户就业和增加农户收入，因此，农业企业成长绩效的评价应该是多维的。根据以上分析，本书做出以下假设：

假设5：农业企业生态化成长绩效包括生态化绩效和成长绩效2个维度。

5.3　农业企业差异性对其生态化成长能力的影响

5.3.1　不同企业所有权性质的影响

目前文献中对于企业所有权性质与企业能力的研究较少，但仍然有学者从国有企业和非国有企业之间融资能力、创新能力和竞争力等方面进行了对比研究，比如，利德尔（Liddle，1997）等认为私营经济相对于公有经济具有更强的创新动力和更高的创新效率。夏冬（2005）和李丹蒙（2008）等通过对企业所有权与技术创新的关系进行实证检验后得出了类似的结论，即私有企业相对于国有企业对技术创新贡献更大。布莱克（Black，2001）认为所有权是企业治理机制的主要决定因素，而不同的治理机制又会对企业行为、财务绩效和市场表现产生影响。芮明杰，宋亦平

（2001）认为私营企业相对于国有企业更难享受到政府提供一些优惠政策，因此在竞争处于相对弱势的地位，竞争压力也相对更大。还有一些基于融资能力的研究表明，我国的私有企业相对于国有企业来说更难获得银行贷款（张捷，王霄，2002；Brandt，Li，2003；张军，金煜，2005），而国有企业的所有权特性和政治特性不仅可以帮助其更容易获得政府补贴等方面的资金，而且通过政府信用的介入可以强化其信用能力和融资能力，因此，相对于国有企业而言，非国有企业的融资则存在更多的障碍（洪怡恬，2014）。本研究根据农业企业所有权性质将其分为国有及国有控股企业、集体所有制企业、民营企业、外资企业和其他性质企业五种性质。基于以上企业所有权性质和企业能力方面的研究，本文提出以下假设：

假设 11：不同企业所有权性质的农业企业，其生态化成长能力存在显著差异。

5.3.2　不同企业经营范围的影响

农业企业尽管可以被看着是一种独立的企业类型，但是其经营范围非常广泛，不仅包括传统农业的经营范围，还包括农产品加工、农业服务等现代农业的经营范畴，本研究按照农业企业的经营范围，将其分为种植养殖类、农产品加工类、农业服务类、综合类四个类别。通过实地调研和访谈了解到，不同经营类别的农业企业在实施生态化成长过程中关注点既有相同之处也有一些明显的区别，比如，种植养殖类农业企业实施生态化成长，其关注的主要是土地资源的获取和整合、融资情况和新品种的开发与引进、与农户的利益联结以及生态化品牌的塑造和市场的开拓，而土地资源的获取、融资、新品种的开发以及与农户的关系主要依赖与政府、银行、科研机构以及农户等企业网络成员的良好关系以及网络资源的整合能力；对于农产品加工类农业企业，其实施生态化成长过程中更多关注原材料的生态化采购及构建稳定的产业链关系、生态化生产技术创新和生态化的产品包装、开拓更多融资渠道与争取政府政策支持、准确把握市场需求和多渠道销售等；农业服务类农业龙头实施生态化成长过程中则更多关注于树立生态化理念、为农业生产提供更加符合市场需求的生态化技术和设备、提供更加专业的咨询服务等；综合类农业企业由于涉及的经营范围较广，其实施生态化成长过程中除了关注前面几类农业企业关注的问题，还更加关注如何实现生态化成长战略在不同经营范围里的匹配与实施，以及如何通过生态化设计实现不同经营领域的协调和资源在不同领域的循环利用。本书将农业企业类型划分为种植养殖类、农产品加工类、农业服务类、综合类和其他五种类型。根据前面的分析，本书认为不同经营领域的农业企业其生态化成长能力可能存在差异，于是做出以下假设：

假设12：不同经营领域的农业企业，其生态化成长能力存在显著差异。

5.3.3　不同企业生命周期阶段的影响

企业生命周期的概念由美国学者拉里于1972年在《组织成长的演变和变革》一书中首次提出，随后美国管理学家伊查克·阿迪泽斯（Ichak Adizes，1979）对企业生命周期进行了深入的研究，他主要从企业周期各阶段对企业成长与老化的本质特征进行分析，认为企业组织就像有机体一样有着其生命周期，在企业生命周期的不同阶段，企业的价值取向、战略方向和领导风格都存在差异，并由此带来组织结构、运营模式和管理体制的不同。对于企业生命周期阶段的研究可谓纷呈繁杂，国内外学者从不同角度进行了多种不同的划分，比如，阿迪泽斯（Adizes，1989）在其《企业生命周期》一书中根据企业所具有的灵活性和可控性将企业生命周期划分为成长和老化两个阶段。史密斯，米契尔（Smith，Mitehell，1985）提出三阶段理论，即开端阶段、高速成长阶段和成熟阶段。米勒，弗里森（Miller，Friesen，1984）提出企业生命周期五阶段论，即新生阶段、成长阶段、成熟阶段、复苏阶段和衰退阶段。国内学者陈佳贵等（1998）按照企业规模把企业成长过程分为求生存、高速发展、成熟、衰退和蜕变五个阶段。李业（2000）按照企业的销售额把企业发展分为初生期、成长期、成熟期和衰退期四个阶段。

本书根据对农业企业掌握的实际情况，把其生命周期分为创业期、成长期、成熟期和衰退期四个阶段，在创业阶段的农业企业，由于规模较小且实力较弱，其最大的任务是生存，实施生态化成长主要原因是通过追求产品和服务的差异化以寻求生存和发展的空间。在成长期阶段的农业企业，其产品和服务基本得到了市场的认可，企业生存危机得到缓解，其实施生态成长的主要在于改变自身产品和服务的特点，以便更好地满足市场的需求。在成熟阶段的农业企业，经过一定时期的发展，其产品和服务已经得到了市场的充分认可，在这个阶段实施生态化成长主要在于通过创新适应外部环境的变化。而处于衰退期的农业企业，可能由于企业自身的问题或是整个产业和宏观经济环境的问题，企业资源与外部环境不匹配，导致企业的经营出现危机，呈下滑趋势，这个阶段实施生态化成长主要在于根据外部环境变化调整成长战略和重新整合资源，希望通过生态化战略转型而获得复兴。根据企业生命周期相关理论，本书将农业企业生命周期分为创业期、成长期、成熟期和衰退期四个阶段，农业企业处于不同的阶段，其实施生态化成长可能需要不同的能力，而同样的能力在不同的阶段可能存在不同的重要意义，基于这样的分析，本书提出以下假设：

假设 13：农业企业在不同的生命周期阶段，其生态化成长能力存在显著差异。

5.3.4　不同企业规模的影响

企业规模对企业能力和成长的研究文献很多，学者们对企业规模和企业创新能力、企业战略转型能力、企业盈利能力以及企业成长绩效的关系做了非常多研究，但至今没有达成共识，研究结论也多种多样。比如，对于企业规模与企业技术创新能力的关系，美国经济学家阿克斯通过研究得出结论，企业规模与 R&D 投入成正比，而与技术创新能力没有关系。而美籍经济学家爱得温·曼斯菲尔德运用回归统计模型对大企业在技术创新中的作用进行分析后则得出结论，大规模企业在整个技术创新中比例较大，企业规模对技术创新有重要影响作用。国内学者翟红华（2004）则认为，大企业与中小企业在技术创新中各具优势，不同的技术创新模式，不同的特点，适用于不同规模的企业。对于企业规模与战略转型能力的关系，丰布兰，金斯伯格（Fombrun，Ginsberg，1990）认为企业规模与战略转型能力存在负相关关系，而扎莱兹，克莱兹（Zajaz，Kraarz，1993）则得出了相反的结论，认为他们之间具有正相关关系。另外，琴（Ginn，1990）和麦卡琴（McCutchen，1993）以及我国学者唐健雄（2010）等学者则得出结论，企业规模与战略转型能力之间无显著关系。另外，对于企业规模和企业成长之间的关系，西方很多学者都认为，不同规模的企业在其成长的过程中会面临不同的障碍，然而，根据吉布莱特定律，企业虽然规模有所不同，但是在市场竞争中却有各自的优势，因此不同规模的企业都有其生存和发展的内在经济规律。而国内许多学者都认为，由于规模较大的企业具有融资和技术方面优势，能够进行大规模生产，因而大规模企业通常具有较高的市场占有率和较稳定的成长能力。

目前文献中对企业规模的衡量指标有很多，本书采用各指标中运用最多的年销售收入和员工人数指标对企业规模进行测量。对于年销售收入，本研究将其划分为 5 个组，分别为 1000 万元以下、1000 万~3000 万元、3000万~5000 万元、5000 万~1 亿元以及 1 亿元以上，将员工人数也划分为 5个组，分别为 200 人以下、201~500 人、501~1000 人、1001~2000 人以及 2000 人以上，根据以上分析，本研究暂且作出以下假设：

假设 14：不同规模的农业企业，其生态化成长能力存在显著差异。

5.4 农业企业生态化成长能力与
生态化成长绩效的关系

从本质上看，农业企业生态化成长能力是农业企业为了应对资源日益短缺和生态环境破坏日趋严重导致的复杂、多变的外部环境，通过对企业资源进行重新配置、整合和创新，调整自身行为和成长路径，形成生态化成长方式所需具备的企业能力体系，体现为一种动态能力。道斯（Dosi，2000）认为，通过企业动态能力能够促使企业识别市场中的机会，合理配置、重构企业资源和能力，从而可以达到提升企业市场价值和绩效的目的。马卡道克（Makadok，2001）认为动态能力能够增强企业应对动荡环境的有效性、速度和效率，进而有助于提高企业的成长绩效。卓德（Zott，2003）的研究也表明企业之间的绩效会因动态能力的不同而存在很大差异。丹尼尔，爱德沃德（Darnal，Edwards，2006）的研究发现，企业能力对适应外部环境变化的绩效和竞争优势的获取都具有积极的影响。此外，国内一些实证研究（贺小刚等，2006；曹红军、赵剑波，2009；焦豪，2009）也证明了动态能力对于企业成长具有正向的影响作用。因此，根据前面的分析，本研究提出以下假设：

假设 15：农业企业生态化成长能力与其生态化成长绩效之间具有显著的正向相关关系。

5.4.1　生态化战略能力与生态化成长绩效

汉布里克（Hambrick，1982）指出，那些对市场变化信息比较敏感，注重对外部信息的收集、分析和利用的企业通常能够先于竞争对手采取应对措施，因此更易树立先发优势。科扎，奈尔（Kotha，Nair，1995）则进一步指出，企业的战略方向是否适应环境变化的要求会对企业的绩效与竞争优势产生决定性的影响。这与战略选择理论的观点不谋而合，战略选择理论就认为，企业可以通过持续地扫描内外部环境的变化来调整组织战略以适应环境，提高企业绩效。戴萨博等（2005）通过实证研究方法分析了企业具体的业务单元的战略能力对企业绩效的影响，他们研究发现在动态的不确定性环境中，企业战略能力越强则对企业绩效的正向影响越明显。乔斯（Joyce，2003）等研究报告也显示，除了其他因素之外，实施战略的能力与企业的成长具有非常强的正相关关系。此外，萨克斯（Sarkis，2003）利用对绿色供应链管理战略进行了评估，研究认为绿色供应链管理战略能够提高企业的竞争优势、改善企业组织绩效、减少生产成本、保护自然环境等。因此，根据以上分析，本书提出以下假设：

假设 16：农业企业生态化战略能力对其生态化成长绩效具有正向的影响作用。

5.4.2　生态化网络能力与生态化成长绩效

康莱科特（Contractor，2002）等指出，企业的成长绩效不仅取决于其内部资源状况和管理水平，同时还取决于其网络合作伙伴的资源、行为以及相互之间沟通协作的情况。查希尔（Zaheer，2005），亚瑟（Arthurs，2006）等的研究表明，企业内部资源与企业外部网络资源形成的战略性协同可以对企业成长绩效产生积极的影响。王鹏耀，刘延平（2010）的研究表明，具备较强网络能力的企业对网络内的资源和信息会有更好的把握，能够在新的资源或新的技术出现时更加迅速地做出反应并以较低的成本获得，因此会对企业的绩效产生直接的作用。此外，很多学者还从实证的角度对不同国家、不同行业的企业网络能力与其绩效之间的关系进行了实证研究（Sarkar，2001；Ziggers，Henseler，2009；Allred et al.，2011），研究表明，较强的网络能力能够帮助企业与网络伙伴建立紧密合作关系和有效的网络结构，进而有助于其根据市场变化提供及时有效的产品和服务，增强企业的市场竞争力并提高企业的绩效。我国学者冯文娜（2009）对中小企业的研究也表明，企业的经济和社会网络关系对中小企业成长绩效具有显著贡献。马鸿佳，董保宝和葛宝山（2010）分析了网络能力、信息获取与企业绩效的关系，分析结果表明，较强的网络能力利于企业信息资源的获取，而信息资源的获取与企业的成长绩效呈正相关关系。因此，基于以上分析，本书提出以下假设：

假设 17：农业企业生态化网络能力对其生态化成长绩效具有正向的影响作用。

5.4.3　生态化创新能力与生态化成长绩效

创新能力是企业创新过程中相关能力的综合体现，既决定了企业现有的创新水平又决定了其创造创新产出的潜力，创新能力的强弱会直接影响企业的成长绩效（Christiansen，1997）。事实上，现有的很多研究都表明，无论在哪个行业，企业创新能力对于企业绩效的影响一般都是正向积极的，创新能力的提升都是有助于企业绩效提升的（Damanpour，Evan，1984；Subramanian，Nilakanta，1996）。此外，对企业生态化创新与企业成长绩效的关系，不少学者也进行了研究，波特，林德（Porter，Linde，1995b）研究发现，那些优先考虑提高资源利用率、改进生产流程和进行生态化创新的企业，能够通过降低成本或提供差异化产品来构建区别于竞争对手的竞争优势，提高企业经济绩效和生态化效益。什里瓦斯塔瓦（Shrivastava，1995），沙尔玛，弗里登堡（Sharma，Vredenburg，1998）和埃尔达特等（Eiadat et al.，2008）的研究都表明，企业实施生态化创新一方面可以直接提升生态化绩效，另一方面生态化绩效的改善又会通过企业声誉和形象的提升对企业经济绩效产生正向的影响作用。本杰明（Baneijee，2001）研究显示，企业实施生态化创新能够帮助企业创新产品，而且通过改进生产技术和流程可以实现生产成本的降低，进而提升企业的经济绩效。此外，大量实践也表明，企业实施生态化创新有利于提高企业的环境绩效和经济绩效。鉴于以上分析，本书提出以下假设：

假设18：农业企业生态化创新能力对其生态化成长绩效具有正向的影响作用。

5.5　农业企业生态化成长理论模型构建

根据本章前面的分析，本书提出了农业企业生态化成长的理论模型，如图所示，同时，为了帮助梳理和理解前面分析中提出的假设，尽可能把假设关系在图中予以标明。

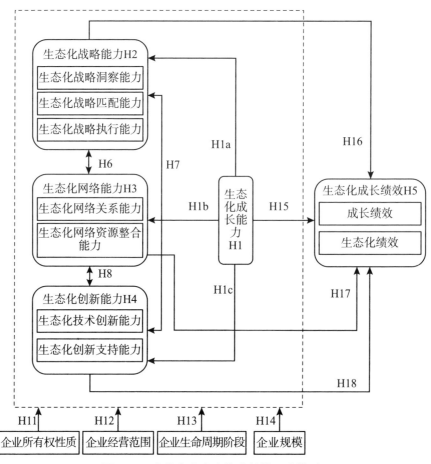

图 5-1　农业企业生态化成长的理论模型

表 5-1　　　　　　　　　　　研究假设汇总

标号	假设
H1	假设 1：农业企业生态化成长能力包含生态化战略能力、生态化网络能力和生态化创新能力 3 个能力要素
H2	假设 2：农业企业生态化战略能力包括生态化战略洞察能力、生态化战略匹配能力和生态化战略执行能力 3 个维度

标号	假设
H3	假设 3：农业企业生态化网络能力包括生态化网络关系能力和生态化网络资源整合能力 2 个维度
H4	假设 4：农业企业生态化创新能力包括生态化技术创新能力和生态化创新支持能力 2 个维度
H5	假设 5：农业企业生态化成长绩效包括生态化绩效和成长绩效 2 个维度
H6	假设 6：农业企业生态化战略能力与生态化网络能力之间存在显著的正向相关关系
H7	假设 7：农业企业生态化战略能力与生态化创新能力之间存在显著的正向相关关系
H8	假设 8：农业企业生态化网络能力与生态化创新能力之间存在显著的正向相关关系
H9	假设 9：在农业企业生态化成长能力中，生态化战略能力、生态化网络能力、生态化创新能力的重要性排序不同
H10	假设 10：农业企业生态化战略能力、生态化网络能力、生态化创新能力的各构成要素的重要性排序不同
H11	假设 11：不同企业所有权性质的农业企业，其生态化成长能力存在显著差异
H12	假设 12：不同经营领域的农业企业，其生态化成长能力存在显著差异
H13	假设 13：农业企业在不同的生命周期阶段，其生态化成长能力存在显著差异
H14	假设 14：不同规模的农业企业，其生态化成长能力存在显著差异
H15	假设 15：农业企业生态化成长能力与其生态化成长绩效之间具有显著的正向相关关系
H16	假设 16：农业企业生态化战略能力对其生态化成长绩效具有正向的影响作用
H17	假设 17：农业企业生态化网络能力对其生态化成长绩效具有正向的影响作用
H18	假设 18：农业企业生态化创新能力对其生态化成长绩效具有正向的影响作用

5.6　初始问卷设计与检验分析

5.6.1　问卷设计过程

（1）文献阅读。

尽管农业企业生态化成长是一个全新的概念，现有文献中没有成熟量表可供使用，但是对于企业生态化和企业成长能力方面的研究已有几十年的历史，已经发展形成了一些具有较高信度与效度水平的研究量表和一些较为成熟的观点，通过大量阅读和梳理国内外相关文献，借鉴国内外学者广泛使用过的量表，或在这些量表基础上根据农业企业生态化成长实际进行调整是本研究量表初稿的主要来源。

（2）访谈调查。

除了文献梳理和理论上的探讨，实践部门对农业企业生态化成长的理解和判断对于测量量表的确立以及本研究的开展都具有十分重要的意义，为此，笔者走访了南昌和景德镇地区的12家企业和两地的农业企业主管部门，与走访单位的负责人或分管工作的部门领导进行了面对面的访谈，希望通过访谈使本书能够从具体的实践中考察农业企业生态化成长的作用机理，从而确定理论研究和量表设计的合理性。

（3）专家讨论。

量表开发过程中还通过面谈和电话咨询的方式咨询了多位江西财经大学在该领域或在问卷设计方面有丰富经验的学者寻求建议专家意见，具体包括两位教授和三位副教授，根据专家们的意见对量表的措辞、语句和题项归类进行调整，并删除了个别题项，最终形成了本研究的初始问卷。

5.6.2　变量的测量

在变量的测量方式上，本书主要采用主观感知判断的方法，以Likerts5分量表的形式对变量进行测量。尽管 7 分量表被认为更能够增加变量的变异量，提高变量之间的区分度，但事实上，操作中很多人难以具有足够的判别力对其进行有效的区分。根据伯德（Berdie，1994）的研究经验，5分量表也是可靠的，因此，本研究采用了相对简洁的 Likerts 5 分量表对变量进行测量，其中 1 代表"完全不同意"，2 代表"基本不同意"，3 代表"不确定"，4 代表"基本同意"，5 代表"完全同意"。

（1）农业企业生态化战略能力的测量。

罗珉（2003）基于动态能力理论认为以市场为导向的感知能力是企业动态能力的重要维度，是企业感觉环境变化、了解顾客需要的市场响应能力，感知能力主要包括对外部环境变化的观察、对行业变化趋势的了解以及对机会与威胁的把握等方面。潘罗（Pavlou，2005）认为感知市场的能力需要通过扫描、探寻、适应等方式响应外部环境变动的机会与威胁。汉森（Hansen，2007）从如何提高环境分析效率的角度出发，认为对环境感知能力测量应该包含"企业具备完善的信息管理系统"这一题项测。唐建雄（2008）认为企业的环境识别能力包括环境扫描、机会识别和战略信息管理，在研究中用 8 个题项对企业环境识别能力进行了测量。王，阿默德（Wang，Ahmed，2007）认为适应能力是感知能力主要构成因素之一，体现为企业对市场机会与威胁的鉴别以及实现资本化的能力。李允尧（2007）认为企业战略能力关键在于解决两大问题，即怎样定位和如何整合资源、能力以便实现战略目标。孙凌宇（2012）用对产业的发展趋势有准确的预判、企业具有清晰的发展思路和指导原则、能够识别、开发和利用生态化网络带来的机会、对经营环境的变化敏感、具有完善的竞争分析系统等 5 个题项对资源型企业的战略洞察能力进行了测量。

根据以上学者的研究成果，并基于实地调研中掌握的农业企业生态化战略能力的特点和情况，本书使用 12 个题项对农业企业生态化战略能力的三个维度进行测量，具体如表 5 - 2 所示。

表 5 - 2　　　　　　　　农业企业生态化战略能力测量量表

维度	子维度	测量项目	来源和依据
生态化战略能力	生态化战略洞察能力	DC1 企业善于识别和处理市场和政策环境中有关生态化方面的各种信息	罗珉，2003；唐健雄，2008；孙凌宇，2012；Hansen（2007）
		DC2 企业建立了完善的竞争信息分析系统，对企业在竞争中所处的位势有准确的了解	
		DC3 企业能从市场和政策环境中准确发现生态化成长可能存在的机会	
		DC4 企业能够准确把握农业产业化发展的特点	
		DC5 企业对农业产业化发展的趋势有敏锐的洞察力和判断能力	
	生态化战略匹配能力	PP1 企业具有清晰的生态化发展思路和战略规划	
		PP2 企业能够根据环境变化及时进行动态战略调整	
	生态化战略执行能力	ZX1 企业具有与生态化战略相匹配的组织结构、制度安排及流程设计	
		ZX2 企业建立了完善的生态化内部管理控制体系，能够对企业生产运营中的生态化情况进行有效的监督和控制	
		ZX3 企业生态化成长方面的规章制度能够得到员工较好地执行	
		ZX4 企业能将各类员工的业绩考核与奖惩制度与生态化成长战略执行相衔接	
		ZX5 与生态成长战略相衔接的激励约束机制能够较好地激发员工工作热情和主观能动性	

（2）农业企业生态化网络能力的测量。

张荣祥，伍满桂（2009）用"能够设身处地地为伙伴单位考虑""能够灵活地处理与伙伴单位的关系""能够建设性地处理与伙伴单位之间的

矛盾"等 3 个题项对企业关系技能进行了测量。马鸿佳（2010）等人用
"有能力与商务伙伴构建良好的合作关系""能够为合作者着想""能够柔
性处理与合作者的关系""能够与合作者建设性地解决问题"等 4 个题项
对网络关系管理能力进行了测量。朱秀梅（2010）等从市场开发信息与
技能、新产品及服务信息与开发技能、企业管理信息与技能、生产运作信
息与技能、企业营销信息与技能等五个方面对企业网络资源获取能力进行
了测量。冉龙（2013）用 20 个题项从网络关系管理能力和网络配置管理
能力两个维度对企业网络能力进行了测量。孙凌宇（2012）用 8 个题项
对资源型企业的网络协调能力进行了测量。唐建雄（2008）从资源选择、
资源配置和资源整合三个方面用 6 个题项测量了企业的资源整合能力。韦
春北（2012）利用 5 个题项对企业基于建立的各种网络关系，获取所需
的资源、技术与信息的能力即网络利用能力进行了测量。

　　根据现有关于企业网络能力测量的研究成果，基于实地调研中掌握的
农业企业生态化网络能力具体实际，本书使用 6 个题项对农业企业的生态
化网络能力的两个维度进行测量，具体如表 5 - 3 所示。

表 5 - 3　　　　　　　　　　生态化网络能力测量量表

维度	子维度	测量项目	来源和依据
生态化网络能力	生态化网络关系能力	GX1 企业能够与交易伙伴以及同行企业、政府部门、金融机构、科研院所、中介机构保持良好的合作关系	Möller, Halinen, 1999；Ritter 等 2002；马鸿佳等, 2010；王庆喜, 2005；冉龙 2013
		GX2 企业能够为合作伙伴着想，采取恰当的方式处理与合作伙伴之间的矛盾	
		GX3 企业能够与合作伙伴进行协作，有效地解决环境保护和废弃物循环利用方面遇到的问题	
	生态化网络资源整合能力	ZH1 企业能够准确判断生态化成长过程中需要从合作伙伴那里获取哪些资源	
		ZH2 企业能够根据生态化成长的需要，快速、合理地从合作伙伴那里获取各种资源	
		ZH3 企业能够实现内外部资源的高效整合	

（3）农业企业生态化创新能力的测量。

尽管现有研究中有关企业创新能力的研究文献比较丰富，但是在企业创新能力的界定和测度等方面仍然处于众说纷纭的状态。席特，爱尔兰德（Hitt，Ireland，1985）属于较早对企业创新能力测量进行研究的学者，其测量的内容包括：研究和开发新产品的能力、研发支出和项目团队等。伯格里曼，麦迪，维尔莱特（Burgelman，Maidique，Wheelwright，1996）提出了新的创新能力评价体系，从企业现有的资源及配置绩效、对竞争者的创新战略的理解、对企业技术环境的理解、企业组织与文化环境以及创业行为的战略管理等五个方面对企业创新能力进行了综合评价。唐建雄（2008）基于技术创新、制度创新和支持创新三个维度，用14个题项对企业持续创新能力进行了测量。董颖（2011）从环境与经济整合能力的角度对企业生态创新能力进行了测量，分别利用14个和10个题项分别对内部整合能力和外部整合能力进行了测量。孙凌宇（2012）用6个题项对资源型企业的绿色创新能力进行了测量。张素平（2013）从创新绩效的角度采用与同行业平均水平比较，近三年新产品销售额、利润、数量、开发速度、成功率等多个指标的主观评价来反映企业创新能力。

结合现有关于企业创新能力测量的研究成果和本文实地调研中掌握的农业企业具体实际，本书利用9个题项对农业企业生态化创新能力进行测量，具体如表5-4所示。

表5-4　　　　　　　　　农业企业生态化创新能力测量量表

维度	子维度	测量项目	来源和依据
生态化创新能力	技术创新能力	JS1 企业能够快于竞争对手开发出新的生态化技术和工艺	Hult 和 Ketchen，2001；唐健雄，2008；孙凌宇，2012
		JS2 企业能够快于竞争对手将新的生态化技术和工艺运用于相关产品和服务	
		JS3 企业能够保障对生态化技术创新和工艺研发的较大投入	

维度	子维度	测量项目	来源和依据
生态化创新能力	创新支持能力	ZC1 企业建立了有利于生态化创新的激励制度和创新失败宽容制度	Hult 和 Ketchen，2001；唐健雄，2008；孙凌宇，2012
		ZC2 企业建立了有利于部门间沟通协作和员工之间经验交流的组织结构	
		ZC3 企业能够根据新的创新计划灵活调整组织结构及相关制度	
		ZC4 企业强调学习在企业创新和企业成长中的关键作用，建立了学习型组织	
		ZC5 企业具有开放协作的企业文化，能够营造良好的创新氛围	
		ZC6 企业重视创新人才的培养和引进	

（4）农业企业生态化成长绩效的测量。

根据前文假设，农业企业生态化成长绩效是对农业企业实施生态化成长活动总体效率和效果的评价，包含生态化绩效和成长绩效两个维度。在现有的文献中，对企业成长和企业生态化绩效的研究国内外已有不少成果，我们从中可以得到一些农业企业生态化成长绩效测量的启示。对于企业成长绩效的测量，有两点值得说明，首先，大多数学者仍然认为应尽可能地采用客观数据对企业的绩效进行测量，但事实上，基于各种考虑，企业大多都不愿意向研究者提供其内部真实的财务数据，因此研究者是很难通过公开渠道获取企业内部财务资料的（Covin，slevin，l989；Peterson，2000），此外，即便研究人员可以顺利获取企业内部财务数据，但由于各个企业统计方法上的差异可能会导致难以对企业间的客观数据进行横向比较（Dess，Robinson，1984）。尽管使用主观性指标对企业成长绩效进行评价可能会因为问卷填写者个体差异与期望水平的不同而显得不够准确与可靠，但也有研究发现，运用主观性测量指标对企业成长绩效进行测量也可以具有较高内部一致性和可信度，而且主观绩效与客观绩效在统计上具有显著相关关系和测量结果上的一致性，故有学者认为，用主观绩效代替客观绩效不会影响研究的信度与效度（Dess，Robinson，1984）。其次，正如前文所说，企业成长是一个动态过程，因而企业成长绩效的测量必须考虑时间因素，时间周期一般使用 5 年或 3 年，比如（Dunne，Hughes，1996）利用 5 年内销售额增长率来衡量企业成长，（Cooperet，1994）则利用 3 年内员工人数的相对增长来衡量企业成长。在企业成长绩效具体衡量指标方面，不同的学者出于不同的研究视角和目的采用了不同的衡量指标，比如，（Chandler，Hanks，1994）用销售额、资产、利润、员工数量以及竞争力成长等指标衡量对企业成长绩效进行了测量。Yusuf（2002）通过问卷填写人对企业在销售额、利润及员工人数三方面增长的主观满意程度进行了测量。Stewart（2003）则选用了企业销售额、顾客数量、经营场所以及员工人数等四个方面的增长率相对其主要竞争者的比较值作为企业成长绩效的测量指标。国内学者余红剑（2007）将企业销售额、员工人数及市场份额等三个方面的增长率作为有效测量企业成长绩效主要指标。勾丽（2010）把企业员工人数、主营业务销售额、利润、市场份额等四个方面的增长与主要竞争对手相比的主观评价作为衡量企业成长绩效的指标。在企业生态化绩效方面，（Desrochers，2000）把企业资源的利用效率有明显提高和企业环境污染物的排放有明显降低作为企业环境绩效的重要衡量指标。（Zhu et al.，2008）把气体、液体、固体废弃物排放的降低和有毒、有害原材料使用量的减少、环境事故发生频率的降低、企业周边环境的改善等 6 个指标作为企业的环境绩效评价指标，并得到了广泛的运用。孟凡利（1999）认为反映环境业绩的内容主要包括环境法规的执行情况、环境质量情况、环境治理和污染物的利用情况等三个方面，魏素艳（2006）等则此基础上认为环境业绩还应该包括环境资源消耗情况。

结合现有文献中成熟的量表和观点以及对农业企业实地调研情况，我们得到以下农业企业生态化成长绩效的测量量表，如表 5 - 5 所示。

表 5 - 5　　　　　　　　　　生态化成长绩效测量量表

生态化成长绩效	生态化绩效	JX1. 企业对资源的利用效率有明显提高	Desrochers （ 2000 ）；Green，Inman （2005）；Zhu 等，2008a；余红剑，2007；勾丽，2010；孙凌宇 2012
		JX2. 企业环境污染物的排放有明显降低	
		JX3. 企业周边环境得到改善	
		JX4. 企业降低了生产环节的资源投入成本	
		JX5. 企业降低了废弃物处理费和排污费	
		JX6. 企业减少了环境和安全事故罚款	
	成长绩效	JX7. 与主要竞争者相比，企业过去三年员工数量增长更快	
		JX8. 与主要竞争者相比，企业过去三年主营业务销售额增长率更高	
		JX9. 与主要竞争者相比，企业过去三年利润增长率更高	
		JX10. 与主要竞争者相比，企业过去三年市场份额增长更快	
		JX11. 与主要竞争者相比，企业过去三年提供了更多的就业岗位	
		JX12. 与主要竞争者相比，企业过去三年带动了更多农户增收	

5.6.3　初始问卷检验分析

一个量表的开发过程一般要经过题项产生、专家确认和预测试三个阶段（Hinkin，1995）。在本书中，量表开发的前面两个步骤已基本完成，接下来就是要进行预测试。在预测试阶段，本书按照鄱阳湖生态经济区九个地区的总体分布结构大概确定的样本分配比例，通过网络与现场发放相结合的方式初步发放问卷 150 份用于探索性因子分析，问卷回收 127 份，其中有效问卷 110 份，有效回收率为 73.3%。

（1）农业企业生态化战略能力信度与效度。

信度分析即可靠性分析，主要检验量表在测量变量时稳定性和一致性程度。常用检验指标有三个，即稳定系数、等值系数和内部一致性系数，本书采用 Cronbach's a 系数与题项的总体相关系数（CITC）两个指标对变量的测量进行信度检验。这两个指标的值越高，则表明本研究对变量的测量具有越好的内部一致性。一般而言，Cronbach's a 系数大于 0.7 就被认为是具有较高信度（Peterson，1994），低于 0.35 则被认为是低信度（Cuieford，1965），而可以被接受的最低信度水平通常为 0.5（Nunnally，1978）。题项的总体相关系数（CITC）最低应大于 0.35（李怀祖，2004）。

　　通过 SPSS18.0 对预测试数据进行处理分析，生态化战略能力 Cronbach's a 系数为 0.877，高于 0.70 标准，项目—总体相关分析结果如表 5-6 所示，所有的题项的总体相关系数（CITC）均大于 0.35，最小的为 0.386，最大的为 0.705，且删除任何一题项后 a 值没有显著提高，这说明生态化战略能力每一个题项与生态化战略能力总体样本之间具有比较强的相关性和内在一致性。结合 Cronbach's a 系数与题项的总体相关系数（CITC）两个指标，表明生态化战略能力的测量量表具有较高的信度。

表5-6　　　　　　　农业企业生态化战略能力项目—总体相关分析

题项	如果删除该题项，量表均值	如果删除该题项，量表方差	修正后项目—总体相关系数（CITC）	如果删除该题项，Cronbach's a 系数
DC1	43.8636	30.834	.518	.870
DC2	44.2636	30.746	.489	.872
DC3	44.0909	29.606	.643	.863
DC4	44.3455	28.925	.705	.859
DC5	44.1455	29.575	.593	.866
PP1	43.8818	29.793	.543	.869
PP2	43.9091	31.239	.470	.873
ZX1	44.2182	28.961	.667	.861
ZX2	44.0091	29.899	.627	.864
ZX3	43.9818	32.165	.386	.877
ZX4	44.0909	30.322	.529	.870
ZX5	44.1000	29.962	.656	.863

效度分析这里采用探索性因子分析中的收敛效度（convergent validity）来进行检验。在做因子分析之前，我们首先应该对样本数据进行 KMO（Kaiser - Meyer - Olkin）检验和巴特利特（Bartlett）球形度检验，看看是否适合做因子分析。KMO 值在 0 ~ 1 之间，其值越接近 1，表示变量之间的相关度越高，越适合做因子分析，其值越接近 0，表示变量之间的相关度越低，越不适合做因子分析。根据 Kaiser（1974）KMO 值执行判断标准：KMO 值在 0.9 以上为极佳的，在 0.8 ~ 0.9 之间为良好，在 0.7 ~ 0.8 之间为适中，在 0.6 ~ 0.7 之间为普通，在 0.5 ~ 0.6 为较少，0.50 以下为无法接受，本书的 KMO 值即以 0.70 为接受参考标准值。巴特利特（Bartlett）球形度检验最重要的是考显著性水平 Sig 值是否达到统计检验。学者们普遍认为 Sig 值要小于 0.05 才达到显著水平。

通过 SPSS18.0 统计软件对生态化战略能力数据进行 KMO 和 Bartlett 球形度检验，分析结果显示 KMO 值为 0.758，大于 0.70 的标准；Sig 值为 0.000，小于 0.05 的标准，表明很合适做进一步的因子分析。接下来，对生态化战略能力做探索性因子分析，根据特征值大于 1 的原则提取 3 个因子，3 个因子的累积解释方差为 65.402%（如表 5 - 7 所示），通过最大方差进行因子正交旋转，得到旋转成分矩阵（如表 5 - 8 所示）。从旋转成分矩阵我们可以发现，战略执行能力的 ZX3 在各因子载荷且均小于0.500，根据因子分析原理，我们认为 ZX3 与其他题项可能存在较大差异，删除这个题项能够提高数据结构的合理性。

表 5 - 7　　　　农业企业生态化战略能力因子特征值和方差解释率

因子	因子初始特征值与方差解释率			因子旋转后的特征值与方差解释率		
	各因子对应特征值	各因子方差解释率	各因子累计方差解释率	各因子对应特征值	各因子方差解释率	各因子累计方差解释率
1	4.833	40.272	40.272	3.064	25.537	25.537
2	1.820	15.164	55.435	2.848	23.732	49.269
3	1.196	9.966	65.402	1.936	16.132	65.402

表 5 - 8   农业企业生态化战略能力因子载荷矩阵

题项	因子（维度）		
	1	2	3
DC1	.251	.502	.323
DC2	.158	.653	.024
DC3	.086	.755	.383
DC4	.110	.843	.205
DC5	.250	.789	.047
PP1	.139	.232	.803
PP2	.008	.199	.847
ZX1	.833	.207	.080
ZX2	.820	.158	.092
ZX3	.496	.018	.496
ZX4	.824	.116	.103
ZX5	.764	.303	.062

我们删除 ZX3 后再做探索性因子分析，此时 3 个因子的累积解释方差上升为 68.246%，这说明删除这两个题项不仅没有降低解释的总方差，反而提高了解释的总方差。按照方差最大正交旋转处理后，所有题项不存在因子载荷平均分布的题项，比较清晰地聚合为 3 个因子，各因子载荷都在 0.500 以上。

（2）农业企业生态化网络能力信度与效度。

通过 SPSS18.0 统计软件对生态化网络能力预测试数据进行处理分析，结果显示 Cronbach's a 系数为 0.775，高于 0.70 标准，项目—总体相关分析结果如表 5 - 9 所示，所有的题项的总体相关系数（CITC）均大于 0.35，最小的为 0.455，最大的为 0.606，且删除任何一题项后的 a 值没有显著提高，这说明生态化网络能力每一个题项与生态化网络能力总体样本之间具有比较强的相关性和内在一致性。结合 Cronbach's a 系数与题项的总体相关系数（CITC）两个指标，表明生态化网络能力的测量量表具有较高的信度。

表 5 – 9　　　　　农业企业生态化网络能力项目—总体相关分析

题项	如果删除该题项，量表均值	如果删除该题项，量表方差	修正后项目—总体相关系数（CITC）	如果删除该题项，Cronbach's a 系数
GX1	20. 8182	16. 095	. 461	. 754
GX2	21. 0364	15. 852	. 489	. 747
GX3	21. 2000	15. 336	. 550	. 731
ZH1	21. 4545	15. 333	. 606	. 716
ZH2	21. 4818	15. 555	. 566	. 728
ZH3	21. 4636	15. 535	. 455	. 759

同样采用探索性因子对生态化网络能力进行效度分析，在因子分析前首先通过 SPSS 18.0 统计软件做 KMO 样本测度和 Bartlett 球体检验，生态化网络能力 KMO 值为 0.777，大于 0.7，显著性水平 Sig. 为 0，远小于 0.05，表明很合适做进一步的因子分析。接下来，对生态化网络能力做探索性因子分析，根据特征值大于 1 的原则提取 2 个因子，2 个因子的累积解释方差为 70.842%（如表 5 – 10 所示），通过最大方差进行因子正交旋转，得到旋转成分矩阵（如表 5 – 11 所示），可以看出，各题项比较清晰地聚合为 2 各因子，且各因子载荷都在 0.500 以上，因此不需要删除任何题项。

表 5 – 10　　　农业企业生态化网络能力因子特征值和方差解释率

因子	因子初始特征值与方差解释率			因子旋转后的特征值与方差解释率		
	各因子对应特征值	各因子方差解释率	各因子累计方差解释率	各因子对应特征值	各因子方差解释率	各因子累计方差解释率
1	3. 213	53. 551	53. 551	2. 295	38. 252	38. 252
2	1. 037	17. 291	70. 842	1. 955	32. 590	70. 842

表 5 – 11　　　　　　农业企业生态化网络能力因子载荷矩阵

题项	因子（维度）	
	1	2
GX1	.114	.859
GX2	.227	.847
GX3	.304	.618
ZH1	.852	.226
ZH2	.853	.146
ZH3	.723	.214

（3）农业企业生态化创新能力信度与效度。

通过 SPSS18.0 统计软件对生态化创新能力预测试数据进行处理分析，结果显示 Cronbach's a 系数为 0.860，高于 0.70 标准，项目—总体相关分析结果如表 5 – 12 所示，所有的题项的总体相关系数（CITC）均大于 0.35，最小的为 0.495，最大的为 0.699，且删除任何一题项后各子维度的 a 值没有显著提高，这说明生态化创新能力每一个题项与生态化创新能力总体样本之间具有比较强的相关性和内在一致性。结合 Cronbach's a 系数与题项的总体相关系数（CITC）两个指标表明生态化创新能力的测量量表具有较高的信度。

表 5 – 12　　　　　农业企业生态化创新能力项目—总体相关分析

题项	如果删除该题项，量表均值	如果删除该题项，量表方差	修正后项目—总体相关系数（CITC）	如果删除该题项，Cronbach's a 系数
JS1	33.0364	16.623	.642	.839
JS2	32.9364	16.354	.699	.833
JS3	32.7364	17.168	.594	.844
ZC1	32.9636	16.641	.559	.850
ZC2	32.5273	18.013	.495	.854
ZC3	32.6545	16.999	.649	.839
ZC4	32.5182	17.628	.561	.848
ZC5	32.4182	17.713	.594	.845
ZC6	32.1727	18.915	.511	.853

同样采用探索性因子对生态化创新能力进行效度分析，在因子分析前首先通过 SPSS 18.0 统计软件做 KMO 样本测度和 Bartlett 球体检验，生态化创新能力 KMO 值为 0.743，大于 0.7，显著性水平 Sig. 为 0，远小于 0.05，表明很合适做进一步的因子分析。接下来，对生态化创新能力做探索性因子分析，根据特征值大于 1 的原则提取 2 个因子，2 个因子的累积解释方差为 69.899%（如表 5 – 13 所示），以大方差进行因子正交旋转，得到旋转成分矩阵（如表 5 – 14 所示）。从旋转成分矩阵我们可以发现，题项 ZC1 在各因子上的载荷比较平均，而且因子载荷都低于 0.5，根据因子分析原理，我们认为 ZC1 与其他题项可能存在较大差异，删除这个题项能够提高数据结构的合理性。

表 5 – 13　　　农业企业生态化创新能力因子特征值和方差解释率

因子	因子初始特征值与方差解释率			因子旋转后的特征值与方差解释率		
	各因子对应特征值	各因子方差解释率	各因子累计方差解释率	各因子对应特征值	各因子方差解释率	各因子累计方差解释率
1	4.646	51.621	51.621	3.618	40.198	40.198
2	1.645	18.277	69.899	2.673	29.700	69.899

表 5 – 14　　　农业企业生态化创新能力因子载荷矩阵

题项	因子（维度）	
	1	2
JS1	.071	.906
JS2	.295	.854
JS3	.131	.767
ZC1	.437	.480
ZC2	.725	.270
ZC3	.830	.237
ZC4	.864	.092
ZC5	.888	.155
ZC6	.752	.190

我们删除 ZC1 后再做探索性因子分析，此时 2 个因子的累积解释方差上升为 72.961%，这说明删除这个题项不仅没有降低解释的总方差，反而提高了解释的总方差。以大方差进行因子正交旋转，所有题项不再存在因子载荷平均分布的题项，比较清晰地聚合为 2 个因子，各因子载荷都在 0.500 以上。

（4）农业企业生态化成长绩效信度与效度。

通过 SPSS 18.0 统计软件对生态化成长绩效预测试数据进行处理分析，结果显示 Cronbach's a 系数为 0.900，远高于 0.70 标准，项目—总体相关分析结果如表 5-15 所示，所有的题项的总体相关系数（CITC）均大于 0.35，最小的为 0.436，最大的为 0.756，且删除任何一题项后 a 值没有显著提高，这说明生态化成长绩效每一个题项与生态化成长绩效总体样本之间具有比较强的相关性和内在一致性。结合 Cronbach's a 系数与题项的总体相关系数（CITC）两个指标，表明生态化成长绩效的测量量表具有较高的信度。

表 5-15　　　　　　农业企业生态化成长绩效项目—总体相关分析

题项	如果删除该题项，量表均值	如果删除该题项，量表方差	修正后项目—总体相关系数（CITC）	如果删除该题项，Cronbach's a 系数
JX1	46.4636	34.306	.500	.898
JX2	46.1636	34.340	.593	.894
JX3	46.2818	34.846	.496	.898
JX4	46.6727	31.947	.644	.891
JX5	46.5455	32.856	.544	.896
JX6	46.2545	33.990	.436	.902
JX7	46.9273	30.692	.706	.888
JX8	46.6545	31.513	.733	.886
JX9	46.7909	30.882	.742	.885
JX10	46.7545	31.251	.756	.885
JX11	46.3636	33.059	.628	.892
JX12	46.1273	33.103	.694	.889

对农业企业生态化成长绩效进行探索性因子分析，同样，首先做 KMO 样本测度和 Bartlett 球体检验，生态化成长绩效的 KMO 值为0.829，大于0.7，显著性水平 Sig. 为0，远小于0.05，表明很合适做进一步的因子分析。接下来，对生态化成长绩效做探索性因子分析，根据特征值大于1 的原则提取到2个因子，2个因子的累积解释方差为61.804%（如表5-16 所示），以大方差进行因子正交旋转，得到旋转成分矩阵（如表5-17所示），可以看出，各题项比较清晰地聚合为2各因子，且各因子载荷都在 0.500以上，因此不需要删除任何题项。

表5-16　　　　农业企业生态化成长绩效因子特征值和方差解释率

因子	因子初始特征值与方差解释率			因子旋转后的特征值与方差解释率		
	各因子对应特征值	各因子方差解释率	各因子累计方差解释率	各因子对应特征值	各因子方差解释率	各因子累计方差解释率
1	5.533	46.112	46.112	3.755	31.293	31.293
2	1.883	15.692	61.804	3.661	30.511	61.804

表5-17　　　　农业企业生态化成长绩效因子载荷矩阵

题项	因子（维度）	
	1	2
JX1	.265	.595
JX2	.184	.794
JX3	.031	.800
JX4	.326	.657
JX5	.262	.738
JX6	.031	.668
JX7	.766	.233
JX8	.848	.257
JX9	.872	.005

续表

题项	因子（维度）	
	1	2
JX10	.865	.132
JX11	.622	.445
JX12	.522	.328

　　通过本小节对题项信度和效度的分析，并剔除信度或效度较差的题项，将剩余 37 个题项保留，形成正式调研问卷用于后面的实证分析，问卷具体内容详见"附录 2"。

第 6 章

理论模型的实证检验

本章将对第 5 章构建的农业企业生态化成长理论模型进行实证检验。利用预测试中探索性因子分析得到的正式调查问卷扩大样本再次进行调查，通过信度分析和验证性因子分析对问卷的信度和效度以及农业企业生态化成长能力各能力要素的维度构成进行检验，并在此基础上运用回归分析、方差分析和结构方程建模分析等方法对农业企业生态化成长理论模型及相关假设进行检验。

6.1　正式问卷调查与检验分析

6.1.1　数据收集与样本特征

通过前面探索性因子分析得到的 37 个题项量表，按照鄱阳湖生态经济区九个地区的总体分布结构大概确定的样本分配比例通过网络发放和现场发放相结合的方式对鄱阳湖生态经济区 270 家省级以上农业企业管理人员（中层以上）进行了问卷调查，共发放问卷 270 份，回收 246 份，其中有效问卷 205 份，问卷有效率 83%。样本基本结构特征见表 6 - 1。

（1）企业地域分布。样本地域分布情况为南昌 59 家，占 28.8%，九江 36 家，占 17.6%，鹰潭 21 家，占 10.2%，宜春 20 家，占 9.8%，景德镇 16 家，占 7.8%，抚州 15 家，占 7.3%，上饶 16 家，占 7.8%，新余 14 家，占 6.8%，吉安 8 家，占 3.9%。这个比例与农业企业在鄱阳湖生态经济区的分布情况大体一致，能够较好地反映鄱阳湖生态经济区农业企业的整体情况。

（2）企业经营范围分布。农业企业涉及范围非常广泛，按照经营范围大致可以划分为种植养殖类、农产品加工类、农业服务类、综合类以及少数其他类别的企业。样本分布情况为种植养殖类 49 家，占 23.9%，农产品加工类 78 家，占 38%，农业服务类 23 家，占 11.2%，综合类 43 家，占 21.0%，其他 12 家，占 5.9%，反映了样本在企业经营范围上具有一定的代表性。

（3）企业销售规模。目前鄱阳湖生态经济区农业企业规模差距较大，本书样本按照销售规模分布分别为：1000 万元以下的 12 家，占 5.9%，1000 万 ~ 3000 万元的 27 家，占 13.2%，3000 万 ~ 5000 万元的 29 家，占 14.1%，5000 万 ~ 1 亿元的 58 家，1 亿元以上的 79 家。数据显示，销售规模 5000 万元以上的企业占了较大比例（28.3% + 38.5% = 66.8%），销售规模 5000 万元以下的企业也有一定的比例，表明样本总体还是具有一定代表性的。

（4）企业年龄。企业年龄可以在一定程度上反映企业所在生命周期的阶段，本研究样本中企业年龄的分布情况为：5 年以下的 25 家，占 12.1%，5 ~ 10 年的 94 家，占 45.9%，11 ~ 15 年的 64 家，占 31.2%，16 ~ 20 年的 16 家，占 7.8%，20 年以上的 6 家，占 2.9%。数据表明，样本大部分集中于企业年龄在 5 ~ 10 年之间（45.9% + 31.2% = 77.1%），这是由于鄱阳湖生态经济区农业企业发展起步较晚，大多还处在成长阶段，样本分布与鄱阳湖生态经济区农业企业的发展现状大致吻合。

表6－1　　　　　　　　　　　　　样本基本结构特征

企业统计变量	统计变项	企业样本数量	占总体比率（%）
企业地域分布	南昌	59	28.8
	九江	36	17.6
	鹰潭	21	10.2
	宜春	20	9.8
	景德镇	16	7.8
	抚州	15	7.3
	上饶	16	7.8
	新余	14	6.8
	吉安	8	3.9
	合计	205	100
企业经营范围分布	种植养殖类企业	49	23.9
	农产品加工类企业	78	38.0
	农业服务类企业	23	11.2
	综合类企业	43	21.0
	其他	12	5.9
	合计	205	100.0
企业销售规模	1000 万元以下	12	5.9
	1000 万～3000 万	27	13.2
	3000 万～5000 万	29	14.1
	5000 万～1 亿元	58	28.3
	1 亿元以上	79	38.5
	合计	205	100.0
企业年龄	5 年以下	25	12.1
	5～10 年	94	45.9
	11～15 年	64	31.2
	16～20 年	16	7.8
	21 年以上	6	2.9
	合计	205	100.0

6.1.2 描述性统计分析

在进行具体分析前，有必要对样本数据进行描述统计分析，查看是否满足样本分析要求。本文采用均值、标准差、方差、偏度和峰度 5 个等指标来分析正式问卷调查获取的 205 份有效问卷样本数据的总体集中趋势、离散程度及分布形态，具体分析结果见表 6 - 2 所示。

从表 6 - 2 描述性统计分析结果我们可以看出，37 个题项均值介于 3.7512 ~ 4.6439 之间，分布比较集中均衡。题项的标准差介于 0.58997 ~ 0.91809 之间，方差介于 0.343 ~ 0.843 之间，总样本数据的离散程度不大。各个测量题项的偏度系数绝对值均在 0.090 ~ 1.862 之间，符合绝对值小于 3 的系数标准；峰度系数绝对值均在 0.004 ~ 3.818 之间，符合绝对值小于 5 的系数标准。通过描述性分析可以看出调研样本数据总体符合正态分布，适合采用最大似然法作为模型参数估计。

表 6 - 2

	均值	标准差	方差	偏度	峰度
DC1	4.2049	.72557	.526	- .645	.186
DC2	3.7756	.82746	.685	- .504	.396
DC3	4.0780	.74344	.553	- .632	.430
DC4	3.9122	.78721	.620	- .513	.063
DC5	4.0146	.80731	.652	- .591	.004
PP1	4.2829	.76565	.586	- .994	.823
PP2	4.2244	.70599	.498	- .686	.461
ZX1	3.9122	.82373	.679	- 1.057	1.776
ZX2	4.0927	.75160	.565	- .784	1.194
ZX4	4.0195	.79188	.627	- .932	1.616
ZX5	4.0146	.70348	.495	- .276	- .200
GX1	4.5317	.75096	.564	- 1.862	3.818
GX2	4.4780	.61497	.378	- .746	- .415

续表

	均值	标准差	方差	偏度	峰度
GX3	4.3512	.69562	.484	−.778	.106
ZH1	4.0634	.72144	.520	−.254	−.560
ZH2	4.0732	.67846	.460	−.090	−.813
ZH3	4.1561	.71745	.515	−.482	−.130
JS1	3.7512	.84108	.707	−.351	.110
JS2	3.8634	.82894	.687	−.522	.414
JS3	4.0293	.76640	.587	−.710	.920
ZC2	4.1707	.73105	.534	−.885	1.188
ZC3	4.1220	.72744	.529	−.731	.796
ZC4	4.2390	.77107	.595	−1.283	2.787
ZC5	4.3171	.74225	.551	−1.022	.984
ZC6	4.5463	.60557	.367	−1.249	1.844
JX1	4.3171	.65075	.423	−.749	.945
JX2	4.5805	.58545	.343	−1.205	1.245
JX3	4.4732	.61478	.378	−.856	.389
JX4	4.0634	.85799	.736	−.875	.604
JX5	4.1220	.91809	.843	−1.051	.961
JX6	4.4537	.80076	.641	−1.641	2.696
JX7	3.7707	.90268	.815	−.459	−.296
JX8	4.0585	.76472	.585	−.432	−.289
JX9	3.8927	.85072	.724	−.565	.094
JX10	3.9512	.79061	.625	−.694	.737
JX11	4.3707	.72024	.519	−.929	.386
JX12	4.6439	.58997	.348	−1.588	2.199

6.1.3 信度与效度检验

（1）信度检验。

正式问卷信度检验采用与初始问卷同样的检验方法和分析过程，同样运用 Cronbach's α 系数与题项的总体相关系数（CITC）两个指标对变量的测量进行信度检验，因此在这里不再针对每一个变量进行一一赘述，只作一个整体上的阐述。通过 SPSS 18.0 对第二次收集的数据处理分析，分析结果如表 6 - 3 所示。

表 6 - 3　　　　农业企业生态化成长能力及生态化成长绩效信度检验

维度	变量	题项	项目总体相关系数（CITC）	删除该题后的 α 系数	α 系数
生态化战略能力	生态化战略洞察能力	DC1	.524	.854	.863
		DC2	.450	.860	
		DC3	.634	.846	
		DC4	.629	.846	
		DC5	.580	.850	
	生态化战略匹配能力	PP1	.529	.854	
		PP2	.466	.858	
	生态化战略执行能力	ZX1	.589	.849	
		ZX2	.585	.850	
		ZX4	.541	.853	
		ZX5	.621	.847	
生态化网络能力	生态化网络关系能力	GX1	.458	.776	.789
		GX2	.550	.756	
		GX3	.564	.751	
	生态化网络资源整合能力	ZH1	.607	.740	
		ZH2	.549	.755	
		ZH3	.516	.764	

续表

维度	变量	题项	项目总体相关系数（CITC）	删除该题后的 α 系数	α 系数
生态化持续创新能力	生态化技术创新能力	JS1	.522	.841	.849
		JS2	.641	.825	
		JS3	.514	.840	
	生态化创新支持能力	ZC2	.534	.838	
		ZC3	.652	.824	
		ZC4	.600	.830	
		ZC5	.655	.823	
		ZC6	.610	.831	
生态化成长绩效	生态化技术创新能力	JX1	.489	.874	.879
		JX2	.551	.872	
		JX3	.515	.873	
		JX4	.593	.869	
		JX5	.541	.873	
		JX6	.406	.880	
	生态化创新支持能力	JX7	.620	.867	
		JX8	.700	.862	
		JX9	.623	.867	
		JX10	.658	.865	
		JX11	.625	.867	
		JX12	.651	.867	

通过表 6 - 3 中，我们可以看出生态化战略能力、生态化网络能力、生态化创新能力和生态化成长绩效的 Cronbach's a 系数值分别为 0.863、0.789、0.849、0.879，均明显大于 0.7，所有的题项的总体相关系数（CITC）均大于 0.35，最小的为 0.450，最大的为 0.655，且删除任何一题项后各子维度的 a 值没有显著提高，说明生态化战略能力、生态化网络能力、生态化创新能力和生态化成长绩效均具有较高的内部一致性和信度

水平。

（2）效度检验。

这里我们采用验证性因子分析方法进行效度检验。验证性因子分析（CFA）是结构方程模型（SEM）的子模型，也是测量模型验证分析，可以用于验证某种理论观点所导出的计量模型是否适当、可靠，确定假设模型与样本数据之间的拟合程度，如果因子分析的结果与理论上对变量结构的分析相接近，那么可以认为该测量工具具有较好的构念效度（吴明隆，2003），接下来本文通过 AMOS17.0 软件分别对生态化战略能力、生态化网络能力、生态化创新能力进行验证性因子分析。

①农业企业生态化战略能力验证性因子分析。

前文的理论分析和探索性因子分析结果表明，农业企业生态化战略能力包含生态化战略洞察能力、生态化战略匹配能力和生态化战略执行能力三个维度，这种结构维度是否具有稳定性、有效性，需要通过验证性因子分析进一步检验。首先，做验证性因子分析前仍需对生态化战略能力进行KMO 检验和 Bartlett 球形度检验，通过 SPSS18.0 统计软件进行数据分析的结果显示，KMO 值为 0.818，大于 0.70 的标准；Sig. 值为 0.000，小于0.05 的标准，表明很合适做进一步的因子分析。运用 AMOS17.0 软件对生态化战略能力进行验证性因子分析，从生态化战略能力验证性因子分析路径我们发现，标准化的路径系数均在 0.48 以上，模型拟合 χ^2/df 值为3.265，GFI 值为 0.889，RMR 值为 0.035，RMSEA 值为 0.105，PNFI 值为 0.644，PGFI 值为 0.552，TLI 值为 0.866，NFI 值为 0.864，CFI 值为0.900，在 P 值小于 0.001 的水平上显著。通过观察模型的修正指标值发现，模型最大的修正指标值 e8 <--> e9 为 32.998，远大于修正指标值的临界值 4，表明该残差值有修正的必要性。通过建立残差值 e8 和 e9 的共变关系，即将这两个变量间的关系释放来修正模型，修正后的模型标准化估计值模型图如图 6 - 1 所示。此时，整体模型适配度如表 6 - 4，各指标均符合适配标准，且模型在 P 值小于 0.001 的水平上显著，说明修正后的生态化战略能力模型拟合得较好，这表明生态化战略能力具有较好的测量效度，同时也验证了生态化战略能力的结构维度具有较好的有效性。

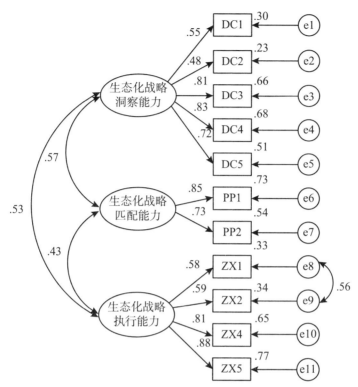

图 6 - 1 农业企业生态化战略能力验证性因子路径分析

表 6 - 4 农业企业生态化战略能力整体模型适配度

绝对适配度				简约适配度		增值适配度		
χ^2/df	GFI	RMR	RMSEA	PNFI	PGFI	TLI	NFI	CFI
1.850	0.939	0.039	0.065	0.672	0.569	0.950	0.925	0.963

②农业企业生态化网络能力验证性因子分析。

前文的理论分析和探索性因子分析结果表明，农业企业生态化网络能力包含生态化网络关系能力和生态化网络资源整合能力两个维度，这种结构维度是否具有稳定性、有效性，需要通过验证性因子分析进一步检验。

通过 SPSS18.0 统计软件对生态化网络能力进行 KMO 检验和 Bartlett 球形度检验，分析的结果显示，KMO 值为 0.757，大于 0.70 的标准；Sig. 值为 0.000，小于 0.05 的标准，表明适合做进一步的因子分析。运用 AMOS 17.0 软件对生态化网络能力进行验证性因子分析，从生态化网络能力验证性因子分析路径我们发现，标准化的路径系数均在 0.54 以上，模型拟合 χ^2/df 值为 4.228，GFI 值为 0.944，RMR 值为 0.026，RMSEA 值为 0.126，PNFI 值为 0.484，PGFI 值为 0.36，TLI 值为 0.862，NFI 值为 0.907，CFI 值为 0.926，在 P 值小于 0.001 的水平上显著。通过观察模型的修正指标值发现，模型最大的修正指标值 e12 <--> e17 为 12.517，大于修正指标值的临界值 4，表明该残差值有修正的必要性。通过建立残差值 e12 和 e17 的共变关系对模型进行修正，修正后的模型标准化估计值模型图如图 6 - 2 所示。此时，整体模型适配度如表 6 - 5 所示，各指标基本符合适配标准，只有 χ^2/df 值为 2.954，略大于 2，PNFI、PGFI 值分别为 0.440、0.322，略小于 0.5，但仍在可接受范围内，且在 P 值小于 0.001 的水平上显著，说明修正后的生态化网络能力模型整体拟合得较好，这表明生态化网络能力具有较好的测量效度，同时也验证了生态化网络能力的结构维度具有较好的有效性。

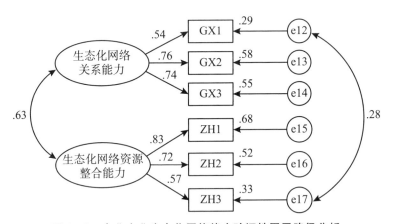

图 6 - 2　农业企业生态化网络能力验证性因子路径分析

表 6 – 5　　　　　　　　农业企业生态化网络能力整体模型适配度

绝对适配度				简约适配度		增值适配度		
χ^2/df	GFI	RMR	RMSEA	PNFI	PGFI	TLI	NFI	CFI
2.954	0.967	0.019	0.098	0.440	0.322	0.916	0.943	0.961

③农业企业生态化创新能力验证性因子分析。

前文的理论分析和探索性因子分析结果表明，农业企业生态化创新能力包含生态化技术创新能力和生态化创新支持能力两个维度，这种结构维度是否具有稳定性、有效性，需要通过验证性因子分析进一步检验。通过 SPSS18.0 统计软件对生态化创新能力进行 KMO 检验和 Bartlett 球形度检验，分析的结果显示，KMO 值为 0.788，大于 0.70 的标准；Sig. 值为 0.000，小于 0.05 的标准，表明适合做进一步的因子分析。运用 AMOS17.0 软件对生态化创新能力进行验证性因子分析，从生态化创新能力验证性因子分析路径我们可以看出，标准化的路径系数均在 0.55 以上，模型拟合 χ^2/df 值为 3.809，GFI 值为 0.920，RMR 值为 0.033，RMSEA 值为 0.117，PNFI 值为 0.619，PGFI 值为 0.486，TLI 值为 0.901，NFI 值为 0.912，CFI 值为 0.933，且在 P 值小于 0.001 的水平上显著。通过观察模型的修正指标值发现，模型最大的修正指标值 e21 <--> e22 为 25.908，大于修正指标值的临界值 4，表明该残差值有修正的必要性。通过建立残差值 e21 和 e22 的共变关系对模型进行修正，修正后的模型标准化估计值模型图如图 6 – 3 所示。此时，整体模型适配度如表 6 – 6 所示，各指标基本符合适配标准，只有 χ^2/df 值为 2.398，略大于 2，PGFI 值分别为 0.477，略小于 0.5，RMSEA 值为 0.083，略大于 0.08，但仍在可接受范围内，且在 P 值小于 0.001 的水平上显著，说明生态化创新能力模型整体拟合得较好，这表明生态化创新能力具有较好的测量效度，同时也验证了生态化创新能力的结构维度具有较好的有效性。

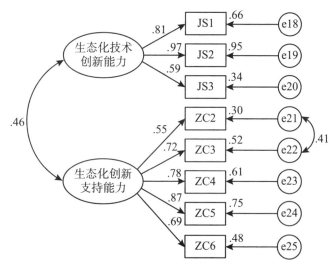

图 6 – 3   农业企业生态化创新能力验证性因子路径分析

表 6 – 6   农业企业生态化网络能力整体模型适配度

	绝对适配度			简约适配度		增值适配度		
χ^2/df	GFI	RMR	RMSEA	PNFI	PGFI	TLI	NFI	CFI
2.398	0.954	0.030	0.083	0.609	0.477	0.951	0.947	0.968

④农业企业生态化成长绩效验证性因子分析。

与前面的思路一样，我们通过验证性因子分析对农业企业生态化成长绩效进行效度检验。根据前文的理论分析和探索性因子分析结果，生态化成长绩效包含生态化绩效和成长绩效两个维度，这种结构维度是否具有稳定性、有效性，需要通过验证性因子分析进一步检验。同样，我们首先要对生态化成长绩效做 KMO 检验和 Bartlett 球形度检验，通过 SPSS18.0 统计软件的分析结果显示，KMO 值为 0.855，大于 0.70 的标准；Sig. 值为 0.000，小于 0.05 的标准，表明很适合做进一步的因子分析。运用 AMOS17.0软件对生态化成长绩效进行验证性因子分析，如图 6 – 4 所示，从生态化成长绩效验证性因子分析路径我们可以看出，农业企业生态化成长绩效标准化的路径系数均在 0.55 以上，模型经过修正后，整体模型适配度如表 6 - 7 所示，拟合 χ^2/df 值为 2.88，GFI 值为 0.893，RMR 值为 0.058，RMSEA 值为 0.096，PNFI 值为 0.688，PGFI 值为 0.584，TLI 值为 0.903，NFI 值为 0.891，CFI 值为 0.925。从整体适配度参数来看，尽管 χ^2/df 值为 2.88，大于 2 但小于 3，RMSEA 值为 0.096，略大于 0.08，NFI 值为 0.891 略小于 0.9，但是都在可接受范围之内，且模型在 P 值小于 0.001 的水平上显著，说明农业企业生态化成长绩效模型整体拟合得较好，这表明生态化成长绩效具有较好的测量效度，同时也验证了生态化成长绩效的结构维度具有较好的有效性。

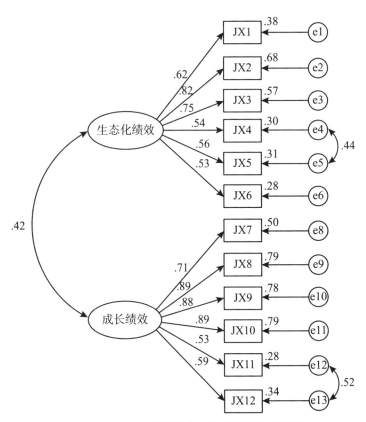

图 6 - 4　生态化成长绩效验证性因子路径分析

表 6 – 7 生态化成长绩效整体模型适配度

绝对适配度				简约适配度		增值适配度		
χ^2/df	GFI	RMR	RMSEA	PNFI	PGFI	TLI	NFI	CFI
2.880	0.893	0.058	0.096	0.688	0.584	0.903	0.891	0.925

6.2 农业企业生态化成长能力构成要素分析

为了进一步了解农业企业生态化成长能力各要素之间以及各因子之间的关系，本书采用二阶验证性因子模型对其进行分析。由于二阶因子模型标准化后的因子载荷能够同时测量指标对一阶因子以及一阶因子对二阶因子的因子载荷，因此能够更加清晰地反映农业企业生态化成长能力各指标之间的内在联系，而且结构方程模型的建模方法允许各指标的测量误差存在，因而可以得出更加科学和准确的结果（王韬等，2010）。本书通过AMOS 17.0 软件对农业企业生态化成长能力各要素进行二阶因子结构方程模型分析，得到二阶因子模型如图 6 – 5 所示。

农业企业生态化成长能力测量模型的外源潜在变量为生态化成长能力，三个内源潜在变量分别为生态化战略能力、生态化网络能力和生态化创新能力，三个内源变量又有生态化战略洞察能力、生态化战略匹配能力、生态化战略执行能力、生态化网络关系能力、生态化网络资源整合能力、生态化技术创新能力和生态化创新支持能力 7 个观察变量。其中，7个可观察变量的测量分别通过以下公式计算得出：

①生态化战略洞察能力的计算：

$$生态化战略洞察能力 = \sum_{g=1}^{g} \delta_g d(n, g)$$

其中，$d(n, g)$ 表示生态化战略洞察能力测量量表第 n 个企业第 g 个测量项目的分值，δ_g 表示第 g 个测量项目的因子载荷归一化后的值（权重）。

②生态化战略匹配能力的计算：

生态化战略匹配能力 $= \sum\limits_{g=1}^{g} \varepsilon_g e(n, g)$

其中，$e(n, g)$ 表示生态化战略匹配能力测量量表第 n 个企业第 g 个测量项目的分值，ε_g 表示第 g 个测量项目的因子载荷归一化后的值（权重）。

③生态化战略执行能力的计算：

生态化战略执行能力 $= \sum\limits_{g=1}^{g} \phi_g f(n, g)$

其中，$f(n, g)$ 表示生态化战略执行能力测量量表第 n 个企业第 g 个测量项目的分值，ϕ_g 表示第 g 个测量项目的因子载荷归一化后的值（权重）。

④生态化网络关系能力的计算：

生态化网络关系能力 $= \sum\limits_{g=1}^{g} \varphi_g h(n, g)$

其中，$h(n, g)$ 表示生态化网络关系能力测量量表第 n 个企业第 g 个测量项目的分值，φ_g 表示第 g 个测量项目的因子载荷归一化后的值（权重）。

⑤生态化网络资源整合能力的计算：

生态化网络资源整合能力 $= \sum\limits_{g=1}^{g} \gamma_g i(n, g)$

其中，$i(n, g)$ 表示生态化网络资源整合能力测量量表第 n 个企业第 g 个测量项目的分值，γ_g 表示第 g 个测量项目的因子载荷归一化后的值（权重）。

⑥生态化技术创新能力的计算：

生态化技术创新能力 $= \sum\limits_{g=1}^{g} \kappa_g j(n, g)$

其中，$j(n, g)$ 表示生态化技术创新能力测量量表第 n 个企业第 g 个测量项目的分值，κ_g 表示第 g 个测量项目的因子载荷归一化后的值（权重）。

⑦生态化创新支持能力的计算：

$$生态化创新支持能力 = \sum_{g=1}^{g} \pi_g k(n, g)$$

其中，$k(n, g)$ 表示生态化创新支持能力测量量表第 n 个企业第 g 个测量项目的分值，π_g 表示第 g 个测量项目的因子载荷归一化后的值（权重）。

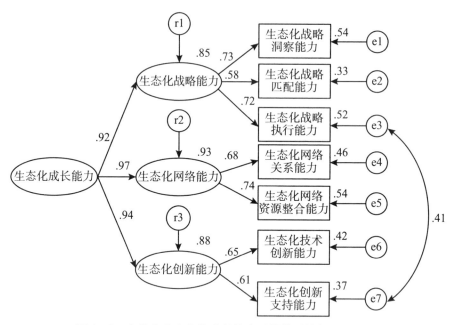

图 6 – 5　农业企业生态化成长能力测量模型的标准化系数

表 6 – 8　　　　　　　农业企业生态化成长能力整体模型适配度

	绝对适配度			简约适配度		增值适配度		
χ^2/df	GFI	RMR	RMSEA	PNFI	PGFI	TLI	NFI	CFI
2.437	0.968	0.015	0.084	0.452	0.346	0.934	0.949	0.969

图 6 – 5 中观察变量与内源潜在变量之间的标准化参数值等同于因子分析的结果，即因子载荷，而内源潜在变量与外源潜在变量之间的标准化参数值等同于回归分析结果。经过修正后，整体模型适配度如表 6 – 8 所示，模型拟合 χ^2/df 值为 2.437，GFI 值为 0.968，RMR 值为 0.015，

RMSEA 值为 0.084，TLI 值为 0.934，NFI 值为 0.949，CFI 值为 0.969，此模型的适配度指标除了 χ^2/df 值略大于 2，RMSEA 值略大与 0.08 的规定值要大，但是小于 1，其余指标都达到了较好的水平，且在 P 值小于 0.008 的水平上显著，表示模型拟合程度较好。

　　由图 6-5 可以看到，对于农业企业生态化成长能力这个外源潜在变量，其三个内源潜在变量的标准化参数值分别为生态化战略能力（0.92）、生态化网络能力（0.97）、生态化创新能力（0.94），可以看出，它们确实可以很好地反映农业企业生态化成长能力，为此本研究对于农业企业生态化成长能力由生态化战略能力、生态化网络能力、生态化创新能力构成的假设，即假设 1 得以验证。此外，对于生态化战略能力这个内源潜在变量，三个观测变量及其标准化参数值分别为生态化战略洞察能力（0.73）、生态化战略匹配能力（0.58）和生态化战略执行能力（0.72），这表明本研究对农业企业生态化战略能力的构成分析还是较为合理的，因而假设 2 得以验证。对于生态化网络能力这个内源潜在变量，两个观测变量及其标准化参数值分别为生态化网络关系能力（0.68）和生态化网络资源整合能力（0.74），这表明本研究对农业企业生态化网络能力的构成较为合理，因而假设 3 得以验证。对于生态化创新能力这个内源潜在变量，两个观测变量及其标准化参数值分别为生态化技术创新能力（0.65）和生态化创新支持能力（0.61），说明本研究对农业企业生态化创新能力的构成较为合理，因而假设 4 得以验证。同时，从图 5-5 还可以发现，农业企业生态化成长能力各能力子系统以及各能力子系统的构成要素的重要性都存在差异，因而，假设 9 和假设 10 得到验证。

　　综合前面所说，我们可以得到农业企业生态化成长能力构成要素及其重要性排序，如表 6-9 所示。

表 6-9　　　农业企业生态化成长能力构成要素重要性排序

生态化战略能力	参数值	排序
生态化战略洞察能力	0.73	1
生态化战略匹配能力	0.58	3

续表

生态化战略能力	参数值	排序
生态化战略执行能力	0.72	2
生态化网络能力	参数值	排序
生态化网络关系能力	0.68	2
生态化网络资源整合能力	0.74	1
生态化创新能力	参数值	排序
生态化技术创新能力	0.65	1
生态化创新支持能力	0.61	2

6.3　农业企业差异性对其生态化
成长能力影响的实证检验

　　根据前面的分析，企业所有权性质、企业经营范围、企业生命周期阶段和企业规模等因素都有可能会对农业企业的生态化成长能力产生影响，本小节将运用单因素方差分析方法分析这些因素对农业企业生态化成长能力影响的差异性。由于农业企业生态化成长能力是一个潜在变量，不能直接予以观察，必须通过观测变量的观测值计算得出，根据6.2章节中关于农业企业生态化成长能力构成要素分析结果，采取与上节同样的转化方法可以把农业企业生态化成长能力转化为可观测变量，具体计算公式见6.4.1章节。

6.3.1　不同企业所有权性质差异性检验

　　本书根据农业企业所有权性质将其分为国有及国有控股企业、集体所有制企业、民营企业、外资企业和其他性质企业五种性质。运用SPSS18.0软件对企业性质和农业企业生态化成长能力做单因素方差分析。方差分析结果如下表所示。

表 6 - 10   方差齐性检验结果

Levene 统计量	df1	df2	显著性
.544	4	200	.704

表 6 - 11   企业所有权性质对农业企业生态化成长能力方差分析

项目	平方和	df	均方	F	显著性
组间	.348	4	.087	.455	.769
组内	38.276	200	.191		
总数	38.624	204			

由表 6 - 10 方差齐次性检验结果可以看出，显著性概率 P = 0.704，大于 0.05，因此不能拒绝方差齐性假设，即各组的方差在 P = 0.05 水平上没有显著性差异，具有方差齐性。由表 6 - 11 企业性质对农业企业生态化成长能力方差分析结果可以看出，P = 0.769，大于 0.05，表明各组在 P = 0.05 水平上无显著性差异。从而得出不同企业所有权性质的农业企业，其生态化成长能力存在显著差异的假设不成立，即假设 11 不成立。

6.3.2　不同企业经营范围差异性检验

根据调研情况调研掌握的实际情况，本书将农业企业经营范围划分为种植养殖类、农产品加工类、农业服务类、综合类和其他等五种类型。运用 SPSS18.0 软件对企业经营范围和农业企业生态化成长能力做单因素方差分析。方差分析结果如表 6 - 12、表 6 - 13 所示。

表 6 - 12   方差齐性检验结果

Levene 统计量	df1	df2	显著性
1.303	4	200	.270

表 6 – 13　　　　企业经营范围对农业企业生态化成长能力方差分析

项目	平方和	df	均方	F	显著性
组间	.227	4	.057	.296	.880
组内	38.396	200	.192		
总数	38.624	204			

由表 6 – 12 方差齐次性检验结果可以看出，显著性概率 P = 0.270，大于 0.05，因此不能拒绝方差齐性假设，即各组的方差在 P = 0.05 水平上没有显著性差异，具有方差齐性。由表 6 – 13 企业经营范围对农业企业生态化成长能力方差分析结果可以看出，P = 0.880，大于 0.05，表明各组在 P = 0.05 水平上无显著性差异。从而得出不同经营领域的农业企业，其生态化成长能力存在显著差异假设不成立，即假设 12 不成立。

6.3.3　不同企业生命周期阶段差异性检验

根据企业生命周期相关理论，本研究将农业企业生命周期分为创业期、成长期、成熟期和衰退期四个阶段。运用 SPSS18.0 软件对企业生命周期阶段和农业企业生态化成长能力做单因素方差分析。方差分析结果如表 6 – 14、表 6 – 15 所示。

表 6 – 14　　　　　　　　方差齐性检验

Levene 统计量	df1	df2	显著性
1.461	3	201	.226

表 6 – 15　　　　生命周期阶段对农业企业生态化成长能力方差分析

项目	平方和	df	均方	F	显著性
组间	4.292	3	1.431	8.376	.000
组内	34.331	201	.171		
总数	38.624	204			

由表 6-14 方差齐次性检验结果可以看出，显著性概率 P=0.226，大于 0.05，因此不能拒绝方差齐性假设，即各组的方差在 P=0.05 水平上没有显著性差异，具有方差齐性。由表 6-15 生命周期阶段对农业企业生态化成长能力方差分析结果可以发现，F=8.376，P=0.000，小于 0.05，这表明企业不同生命周期阶段农业企业生态化成长能力有显著差异，假设 13 得到了验证。为了探明究竟企业生命周期哪几个阶段的生态化成长能力有差异，我们运用 LED 法进行多重比较，结果如表 6-16 所示。

表 6-16　　　　　　　　　　　LED 法进行多重比较的结果

(I) 企业阶段	(J) 企业阶段		均值差 (I-J)	标准误	显著性	95% 置信区间	
						下限	上限
dimension2	1.00	dimension3	2.00	-.26712*	.11303	.019	-.4900	-.0442
			3.00	-.26732*	.11911	.026	-.5022	-.0325
			4.00	.50590*	.19963	.012	.1122	.8995
	2.00	dimension3	1.00	.26712*	.11303	.019	.0442	.4900
			3.00	-.00020	.06472	.998	-.1278	.1274
			4.00	.77302*	.17279	.000	.4323	1.1137
	3.00	dimension3	1.00	.26732*	.11911	.026	.0325	.5022
			2.00	.00020	.06472	.998	-.1274	.1278
			4.00	.77322*	.17683	.000	.4245	1.1219
	4.00	dimension3	1.00	-.50590*	.19963	.012	-.8995	-.1122
			2.00	-.77302*	.17279	.000	-1.1137	-.4323
			3.00	-.77322*	.17683	.000	-1.1219	-.4245

注：*均值差的显著性水平为 0.05。

通过表 6-16 可以发现，企业生命周期在第 1 个阶段（创业期）与在第 2 阶段（成长期）、第 3 阶段（成熟期）、第 4 阶段（衰退期）相比较，其 P 值分别为 0.019、0.026、0.012，均小于 0.05，这表明农业企业在创业期的生态化成长能力与其他三个阶段有显著差异。第 2 阶段（成长期）与第 3 阶段（成熟期）、第 4 阶段（衰退期）相比较，其 P 值分别为

0.998 和 0.00，这表明农业企业在成长期的生态化成长能力与成熟期无显著差异，而与衰退期有显著差异。第 3 阶段（成熟期）与第 4 阶段（衰退期）相比较，其 P 值为 0.00，小于 0.05，表明农业企业成熟期与衰退期的生态化成长能力有显著差异。

　　接下来，本书通过回归分析将生态化成长能力作为因变量，将生态化战略能力、生态化网络能力和生态化创新能力作为自变量，分阶段进行回归，其标准化回归系数如表 6 - 17 所示。从表 6 - 17 可以看出，农业企业处于创业期时，生态化网络能力对其生态化成长能力影响最大，处于成长期和成熟期时，生态化创新能力对其生态化成长能力影响最大，处于衰退期时生态化战略能力对其生态化成长能力影响最大。

表 6 - 17　　　　企业生命周期各阶段农业企业生态成长能力各要素重要性排序

项目	生态化战略能力	生态化网络能力	生态化创新能力
创业期	0.350	0.418	0.410
成长期	0.392	0.382	0.417
成熟期	0.380	0.382	0.423
衰退期	0.442	0.288	0.391

　　注：Sig. = 0.00。

6.3.4　不同企业规模差异性检验

　　目前文献中对企业规模的衡量指标有很多，本书采用各指标中运用最多的年销售收入和员工人数两个方面数据分别对农业企业生态化成长能力的影响进行分析。对于年销售收入，本书将其划分为 5 个组，分别为 1000 万元以下、1000 万 ~ 3000 万元、3000 万 ~ 5000 万元、5000 万 ~ 1 亿元以及 1 亿元以上，将员工人数也划分为 5 个组，分别为 200 人以下、201 ~ 500 人、501 ~ 1000 人、1001 ~ 2000 人以及 2000 人以上。

　　首先，运用 SPSS18.0 软件对企业年销售收入和农业企业生态化成长能力做单因素方差分析。方差分析结果如下表所示。由表 6 - 18 方差齐次性检验结果可以看出，显著性概率 P = 0.400，大于 0.05，因此不能拒绝方差齐性假设，即各组的方差在 P=0.05 水平上没有显著性差异，具有方差齐性。由表 6-19 企业年销售收入对农业企业生态化成长能力方差分析结果可以看出，P=0.847，大于 0.05，表明各组在 P=0.05 水平上无显著性差异。

表 6-18　　　　　　　　　　　　方差齐性检验

Levene 统计量	df1	df2	显著性
1.016	4	200	.400

表 6-19　　　　　企业年销售额对农业企业生态化成长能力方差分析

项目	平方和	df	均方	F	显著性
组间	.265	4	.066	.345	.847
组内	38.359	200	.192		
总数	38.624	204			

然后，同样运用 SPSS18.0 软件对企业员工人数和农业企业生态化成长能力做单因素方差分析。由表 6-20 方差齐次性检验结果可以看出，显著性概率 P=0.178，大于 0.05，因此不能拒绝方差齐性假设，即各组的方差在 P=0.05 水平上没有显著性差异，具有方差齐性。由表 6-21 企业性质对农业企业生态化成长能力方差分析结果可以看出，P=0.312，大于 0.05，表明各组在 P=0.05 水平上无显著性差异。

表 6-20　　　　　　　　　　　　方差齐性检验结果

Levene 统计量	df1	df2	显著性
1.592	4	200	.178

表 6-21　　　　　企业员工人数对农业企业生态化成长能力方差分析

项目	平方和	df	均方	F	显著性
组间	.906	4	.227	1.201	.312
组内	37.717	200	.189		
总数	38.624	204			

　　综合以上企业年销售收入和企业员工数两个指标对农业企业生态化成长能力影响的分析结果，可以认为企业规模对农业企业生态化成长能力的影响不显著，即假设 14 不成立。

6.4　农业企业生态化成长能力与其生态化成长绩效关系检验

6.4.1　回归分析

　　在前文中，我们认为农业企业生态化成长绩效是其生态化成长能力的外在表现，并假设其具有明显的正相关关系。下面我们就对运用回归分析方法对两者的关系进行实证分析。

　　由于农业企业生态化成长能力与其生态化成长绩效在模型中都是潜在变量，不能直接予以观察，必须通过观测变量的观测值计算得出，两者的计算公式分别如下：

　　①农业企业生态化成长能力计算公式

$$EGC = \eta_1 ESC + \eta_2 ENC + \eta_3 EIC$$

　　其中，EGC 表示农业企业生态化成长能力。ESC，ENC，EIC 分别表示生态化战略能力、生态化网络能力和生态化创新能力。η_1、η_2、η_3 分别表示农业企业生态化成长能力各个组成要素的权重系数，权重系数由二阶因子分析的因子载荷归一化处理后确定。

$$ESC = \sum_{t=1}^{t} \alpha_t \left[\sum_{g=1}^{g} \upsilon_g m(n, t, g) \right]$$

　　其中，$m(n, t, g)$ 表示生态化战略能力（ESC）第 n 个企业第 t 层面的第 g 个测量项目的分值，υ_g 表示生态化战略能力（ESC）第 g 个测量项目的因子载荷归一化处理后得到的权重，α_t 表示生态化战略能力（ESC）第 t 层面因子载荷归一化处理后得到的权重。

$$ENC = \sum_{t=1}^{t} \beta_t \left[\sum_{g=1}^{g} \theta_g p(n, t, g) \right]$$

其中，$p(n, t, g)$ 表示生态化网络能力（ENC）第 n 个企业第 t 层面的第 g 个测量项目的分值，θ_g 表示生态化网络能力（ENC）第 g 个测量项目的因子载荷归一化处理后得到的权重，β_t 表示生态化网络能力（ENC）第 t 层面因子载荷归一化处理后得到的权重。

$$EIC = \sum_{t=1}^{t} \chi_t \left[\sum_{g=1}^{g} \xi_g q(n, t, g) \right]$$

其中，$q(n, t, g)$ 表示生态化创新能力（EIC）第 n 个企业第 t 层面的第 g 个测量项目的分值，ξ_g 表示生态化创新能力（EIC）第 g 个测量项目的因子载荷归一化处理后得到的权重，χ_t 表示生态化创新能力（EIC）第 t 层面因子载荷归一化处理后得到的权重。

②农业企业企业生态化成长绩效计算公式

$$EGP = \lambda_1 EP + \lambda_2 GP$$

其中，EGP 表示生态化成长绩效，EP 和 GP 分别表示生态化绩效和成长绩效，λ_1 和 λ_2 分别表示农业企业生态化成长绩效各个组成要素的权重系数，权重系数由结构方程模型归一化处理后确定。

$$EP = \sum_{g=1}^{g} \omega_g r(n, g)$$

其中，$r(n, g)$ 表示生态化绩效（EP）测量量表第 n 个企业第 g 个测量项目的分值，ω_g 表示生态化绩效（EP）第 g 个测量项目的因子载荷归一化处理后得到的权重。

$$GP = \sum_{g=1}^{g} \varpi_g s(n, g)$$

其中，$s(n, g)$ 表示成长绩效（GP）测量量表第 n 个企业第 g 个测量项目的分值，ϖ_g 表示成长绩效（GP）第 g 个测量项目的因子载荷归一化处理后得到的权重。

根据计算得到的数据我们以农业企业生态化成长绩效作为因变量，以农业企业生态化成长能力作为自变量，把企业所有权性质、企业经营范围、企业生命周期阶段和企业年营业收入、企业员工人数两个衡量企业规模的变量作为控制变量做回归分析。根据数据散点图（图 6 - 6）我们可以看出，农业企业生态化成长绩效与其生态化成长能力存在明显的正向线性关系。回归结果显示（如表 6 – 22），在控制了相关变量的情况下，企业生态化成长绩效与其生态化成长能力偏相关系数为 0.609，显著性指标 Sig 为 0，由此我们认为，农业企业生态化成长能力与其生态化成长绩效有着显著的正相关关系，假设 15 得以验证。

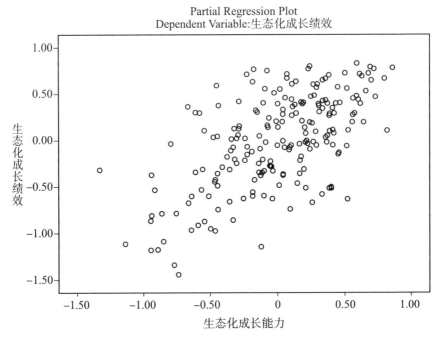

图 6 – 6   农业企业生态化成长能力与其生态化成长绩效散点图

表 6 – 22   回归分析结果

	Model	Beta In	t	Sig.	Partial Correlation	Collinearity Statistics Tolerance
1	生态化成长能力	.605ª	10.791	.000	.609	.979

    a. Predictors in the Model：（Constant），员工规模，企业所有权性质，企业经营范围，企业生命周期阶段，销售规模。

    b. Dependent Variable：生态化成长绩效。

6.4.2　结构方程模型分析

通过前面的线性回归分析，我们得知农业企业生态化成长能力与其生态化成长绩效之间存在明显的正向线性关系。但是，仅通过回归分析我们无法得知农业企业生态化成长能力各构成要素之间的关系，也无法判断农业企业生态化成长能力各构成要素与其生态化绩效之间的关系。因此，我们将采用结构方程模型对农业企业生态化成长能力个构成要素之间以及各要素与生态化成长绩效的关系做进一步的分析。

（1）农业企业生态化成长能力及其生态化成长绩效关系的结构方程模型。

基于第 5 章的农业企业生态化成长能力理论模型及其假设，根据本章前面的实证分析情况，确定农业企业生态化成长能力与其生态化成长绩效关系的结构方程模型，如图 6 - 7 所示。

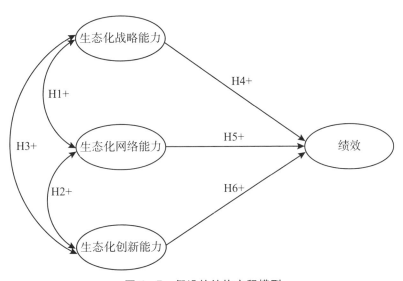

图 6 - 7　假设的结构方程模型

（2）模型实证数据图及整体模型适配度。

本书采用 AMOS17.0 软件对农业企业生态化成长能力与其生态化成长

绩效关系进行了实证检验，得到如图 6 - 8 所示的结构方程模型实证数据图。根据前面分析方法中阐述的整体模型适配度指标评价标准，我们得到表 6 - 22 所示的结构方程模型整体模型适配度指数统计值。

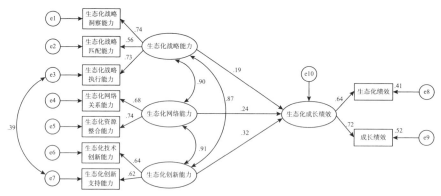

图 6 - 8　农业企业生态化成长能力与其生态化
成长绩效结构方程模型实证数据图

正如前面所说，绝对适配度指标是用以衡量整体模型能够预测观察协方差或相关矩阵的程度，本书用了四个指标进行评价，其中，卡方自由度比值（χ^2/df）表示假设模型的协方差矩阵与观测数据的适配度，χ^2/df 愈小表明适配度越好，一般而言，当小于 2 时表示假设模型的适配度较高。这里 $\chi^2/df = 2.038$，略大于 2，表明假设模型与样本数据具有较好的契合度；适配度指数（GFI）用来显示观测矩阵中的方差与协方差可被复制矩阵预测得到的量，GFI 值越大表示理论建构复制矩阵能够解释样本数据的观测矩阵的变异量越大，其值介于 0 ~ 1 之间，一般判别标准为大于 0.9，这里 GFI = 0.959，非常接近理想值 1，表明假设模型的适配度较佳；均方根残差（RMR）表示样本数据与假设协方差矩阵中要素的评价误差，其值越小越好，越接近 0 表示模型的适配度越佳，一般而言，其值在 0.05以下是可接受的适配模型，这里 RMR = 0.016，小于 0.05，表明假设模型具有较好的适配度。近似均方根误差（RMSEA）的意义是每个自由度的平均和与残差和之间的差异值，一般而言，RMSEA 值高于 0.1 以上时表明模型的适配度欠佳，小于 0.08 表明模型具有良好的适配度，这里 RM-

SEA = 0.071，小于 0.08，表明假设模型有良好的适配度。综合以上几个指标情况，我们认为该假设模型绝对适配度较好。

简约适配度指标是用来评价模型的简约程度的指标，本书采用两个指标进行评价。其中，调整简约指标（PNFI）把自由度的数量纳入预期获得适配程度的考虑中，主要使用于不同自由度的模型之间的比较，其值越高越好，一般以大于 0.5 作为模型适配度是否合适标准，这里 PNFI = 0.521，大于 0.5，表明假设模型是可以接受的。简约适配度指数（PGFI）其性质与 PNFI 基本相同，PGFI 值介于 0 ~ 1 之间，其值越大表明模型的适配越佳，模型越简约，一般采用大于 0.5 作为判别标准，这里 PGFI = 0.426，略小于 0.5 的判别标准。综合以上两个指标情况，我们仍然认为该假设模型简约适配度在可接受范围。

增值适配度通常用来将待检验的假设理论模型与基准线模型的适配度相互比较以判别模型的契合度，本书采用了三个指标对其进行评价。其中，非标准适配指数（TLI）是用来比较两个对立模型之间的适配程度，或者用来比较所提出的模型对虚无模型之间的适配程度，TLI 值介于 0 ~ 1 之间，值越大表明适配度越高，一般以 0.9 作为判别标准，这里 TLI = 0.940，大于 0.9，表明假设模型适配度较好。标准适配指数（NFI）是用来比较假设模型越虚无模型之间的卡方值差距相对于虚无模型卡方值的一种比值，值介于 0 ~ 1 之间，值越大表明适配度越高，一般以 0.9 作为判别标准，这里 NFI = 0.938，大于 0.9，表明假设模型适配度较好。比较适配指数（CFI）是一种改良式的 NFI 指标值，其值也是介于 0 ~ 1 之间，CFI 值越大表明适配度越高，一般以 0.9 作为判别标准，这里 CFI = 0.966，大于 0.9，表明假设模型适配度较好。综合以上几个指标情况，我们认为该假设模型增值适配度较好。

表 6 - 23　　　　　　　　　结构方程模型整体模型适配度

绝对适配度				简约适配度		增值适配度		
χ^2/df	GFI	RMR	RMSEA	PNFI	PGFI	TLI	NFI	CFI
2.038	0.959	0.016	0.071	0.521	0.426	0.940	0.938	0.966

根据上面适配度分析，我们可以看出假设模型具有良好的绝对适配度、简约适配度和增值适配度，且在 P 小于 0.004 的水平上显著，因此，假设模型整体适配度较好。

（3）整体模型路径效果分析。

表 6 - 24　　　　　　　　　　　结构模型的测试结果

项目			Standardized Regression Weight	S. E.	C. R.	P
生态化战略能力	< - - >	生态化网络能力	.895	.027	6.438	***
生态化网络能力	< - - >	生态化创新能力	.907	.023	5.889	***
生态化战略能力	< - - >	生态化创新能力	.868	.027	5.167	***
生态化成长绩效	< - - -	生态化战略能力	.193	.046	6.136	***
生态化成长绩效	< - - -	生态化网络能力	.238	.027	6.463	***
生态化成长绩效	< - - -	生态化创新能力	.321	.068	10.207	***

由表 6 - 24 可以看出，生态化战略能力与生态化网络能力之间的相关系数为 0.895，在 P 小于 0.001 水平上显著，表明生态化战略能力与生态化网络能力之间具有显著的正相关关系，假设 7 得到了验证。生态化战略能力与生态化创新能力之间的相关系数为 0.868，在 P 小于 0.001 水平上显著，表明生态化战略能力与生态化创新能力之间具有显著的正相关关系，假设 8 得到了验证。生态化网络能力与生态化创新能力之间的相关系数为 0.907，在 P 小于 0.001 水平上显著，表明生态化战略能力与生态化网络能力之间具有显著的正相关关系，假设 9 得到了验证。

此外，由表 6 - 24 中标准化系数值看出，生态化战略能力对生态化成长绩效路径标准化系为 0.193，在 P 小于 0.001 水平上显著，表明生态化战略能力对生态化成长绩效具有正向的影响作用，假设 16 得到了验证。生态化网络能力对生态化成长绩效路径标准化系数为 0.238，在 P 小于 0.001 水平上显著，表明生态化网络能力对生态化成长绩效具有正向的影响作用，假设 17 得到了验证。生态化创新能力对生态化成长绩效路径标

准化系数为 0.321，在 P 小于 0.001 水平上显著，表明生态化创新能力对
生态化成长绩效具有正向的影响作用，假设 18 得到了验证。

6.5 结果与讨论

6.5.1 实证研究结果汇总

本章基于鄱阳湖生态经济区 205 家农业企业的调研数据对第 4 章提出
的理论模型和研究假设进行了实证检验，实证研究结果表明大部分假设
都得到了支持，初步实现的研究目标。假设检验与实证结果如表 6-25
所示。

表 6-25 假设与实证结果一览表

标号	假设	检验结果
H1	假设 1：农业企业生态化成长能力包含生态化战略能力、生态化网络能力和生态化创新能力 3 个能力要素	支持
H2	假设 2：农业企业生态化战略能力包括生态化战略洞察能力、生态化战略匹配能力和生态化战略执行能力 3 个维度	支持
H3	假设 3：农业企业生态化网络能力包括生态化网络关系能力和生态化网络资源整合能力 2 个维度	支持
H4	假设 4：农业企业生态化创新能力包括生态化技术创新能力和生态化创新支持能力 2 个维度	支持
H5	假设 5：农业企业生态化成长绩效包括生态化绩效和成长绩效 2 个维度	支持
H6	假设 6：农业企业生态化战略能力与生态化网络能力之间存在显著的正向相关关系	支持
H7	假设 7：农业企业生态化战略能力与生态化创新能力之间存在显著的正向相关关系	支持

标号	假设	检验结果
H8	假设 8：农业企业生态化网络能力与生态化创新能力之间存在显著的正向相关关系	支持
H9	假设 9：在农业企业生态化成长能力中，生态化战略能力、生态化网络能力、生态化创新能力的重要性排序不同	支持
H10	假设 10：农业企业生态化战略能力、生态化网络能力、生态化创新能力的各构成要素的重要性排序不同	支持
H11	假设 11：不同企业所有权性质的农业企业，其生态化成长能力存在显著差异	不支持
H12	假设 12：不同经营领域的农业企业，其生态化成长能力存在显著差异	不支持
H13	假设 13：农业企业在不同的生命周期阶段，其生态化成长能力存在显著差异	支持
H14	假设 14：不同规模的农业企业，其生态化成长能力存在显著差异	不支持
H15	假设 15：农业企业生态化成长能力与其生态化成长绩效之间具有显著的正向相关关系	支持
H16	假设 16：农业企业生态化战略能力对其生态化成长绩效具有正向的影响作用	支持
H17	假设 17：农业企业生态化网络能力对其生态化成长绩效具有正向的影响作用	支持
H18	假设 18：农业企业生态化创新能力对其生态化成长绩效具有正向的影响作用	支持

6.5.2　实证结果讨论

（1）农业企业生态化成长能力构成要素分析结果。

通过前面的数据分析我们发现，生态化战略能力、生态化网络能力和生态化创新能力 3 个内源潜在变量可以很好地反映农业企业生态化成长能力这个外源潜在变量。其中，生态化网络能力的因子载荷最高，为 0.97，生态化创新能力次之，为 0.94，生态化战略能力最低，为 0.92。这说明农业企业生态化网络能力在其生态化成长能力占据着最为重要的位置，其原因可能是由农业企业的特点决定的。农业企业由于其经营领域上的"涉农性"和经营成果上的"低效益性"等特点导致大部分农业企业长期处于较低的发展水平，这决定了农业企业生态化成长难以完全通过自身的力量实现，其生态化成长很大程度上取决于从外部获得生态化资源的能力，比如通过与政府建立良好的关系获得生态化方面财政税收支持和项目支持，通过与金融部门建立友好关系以便获得更多的融资支持，通过与其他企业以及科研院所建立长期稳定的合作关系进行生态化创新、生态化技术的引进等，内部资源的匮乏使得外部资源的获取能力在大多数农业企业的生态化成长中占据着最为举足轻重的作用。

此外，从前面的实证分析我们还发现，各能力子系统的构成要素的重要性也存在差异。在生态化战略能力中，生态化战略洞察能力处于最为重要的位置（因子载荷为0.73），说明从战略角度而言，农业企业充分认识到资源日益紧缺和环境破坏日趋严重所带来的外部环境的系列变化，洞察外部环境变化给企业带来的威胁和通过生态化可能带来的成长机会是其实行生态化成长战略的前提和基础，也是其生态化战略能力最为重要的体现。其次是生态化战略执行能力（因子载荷为0.72），农业企业能否建立与生态化战略相适应的组织结构、制度安排、流程设计和完善的生态化内部管理控制体系，保证生态化战略在各个环节有效实施和执行是实施生态化战略重要保障。然后是生态化战略匹配能力（因子载荷为0.58），农业企业在识别外部环境所带来的威胁和机遇之后，能够根据外部环境的动态变化及时对战略进行调整，使资源、能力和战略与变化的环境相匹配也是其实施生态化成长战略必备的重要能力。

在生态化网络能力中，生态化网络资源整合能力是其关键因素（0.74），正如前面所说，农业企业网络关系相对一般工商企业而言更为复杂，是否能够根据其生态化成长的需要对外部资源和力量进行有效整合，高效、合理地配置获取的各种资源，最大效率地发挥网络各节点的资源优势，从而达到降低成本、提高竞争力的目的是其生态化网络能力的主要方面。其次是网络关系能力（因子载荷为0.68），能够帮助农业企业实现在网络中的准确定位并选择合适的合作伙伴，从而建立与伙伴的信任机制和信息共享机制，减少生态化成长过程中的各种关系障碍，获得更多的机会和资源。

在生态化创新能力中，生态化技术创新能力是核心要素（因子载荷为0.74）。对于农业企业来说，只有具备生态化技术创新能力，才能形成和丰富自己的核心技术，才能不断开发出满足市场需求的生态化产品和服务，从而形成企业持续的竞争优势。而生态化创新支持能力（因子载荷为0.61）是企业技术创新能力支撑和辅助能力，是企业技术创新能力得以形成和发展的土壤，比如企业制度、组织结构、组织学习、企业文化、人才管理等，具备与生态化技术创新相适宜的完善的生态化创新支持系统并形成协同作用，可以为农业企业生态化技术创新提供源源不断的动力和元素。

（2）农业企业差异性对其生态化成长能力影响的分析结果。

第一，不同企业所有权性质的分析结果。企业所有权性质对农业企业生态化成长能力影响差异性的单因素方差分析结果表明，不同企业所有权性质的农业企业，其生态化成长能力不存在显著差异。这可能是由于鄱阳湖生态经济区内农业企业在申报、监管和扶持政策方面对企业所有权性质都没有加以区分，而法制化的公司治理结构也使得不同企业所有权性质的农业企业在管理模式趋同化，在这样的情况下，不同企业所有权性质的农业企业在生态化成长过程中面对着同样的动态变化的外部环境，享受着政府提供的相同的公共服务和财政、税收、融资等优惠政策，因此，在其生态化成长过程中所需要的能力也不会因为不同的所有权性质而具有显著差异。

第二，不同企业经营范围的分析结果。前面企业经营范围对农业企业生态化成长能力影响差异性的单因素方差分析结果表明，不同的经营范围类别的农业企业其生态化成长能力不存在显著差异。这表明，尽管不同经营范围类别的农业企业在具体业务上不尽相同，生态化成长过程中的关注点也不一样，比如不同经营范围类别的农业企业对不同资源的需求不一样，需要处理的关系不一样，需要的新技术也不一样，但是他们在生态化成长过程中需要的能力具有一定的共性，比如都需要洞察外部环境所带来的机会和威胁并制定与其相匹配的成长战略，都要保证成长战略在生产经营各环节的高效执行等，本书提出的生态化战略能力、生态化网络能力和生态化创新能力具有较高的理论抽象性，能够反映出不同经营范围类别农业企业生态化成长过程中共同的能力需求，因而，其生态化成长过程中所需要的能力不会因为不同经营范围类别而具有显著差异。

第三，不同企业生命周期阶段的分析结果。从前面的分析结果来看，企业生命周期阶段对农业企业生态化成长能力具有显著影响，不同的生命周期阶段生态化战略能力、生态化网络能力和生态化创新能力具有不同的重要性。对于处于创业期的农业企业，大多还比较弱小，内部资源不足以支持其实施生态化成长，也未能建立完善的环境识别系统和生态化创新体系，企业的生存问题是其面临的首要问题，这导致这个阶段的农业企业更多转向外部网络成员寻求帮助和支持，希望通过生态化以获得更多的资源，比如希望得到政府部门的生态化项目支持或政策支持，与上下游企业开展生态化合作建立稳固关系等，因此生态化网络能力在这个阶段的农业企业生态化成长能力中起着最为关键的作用。农业企业处于成长期时，生态化创新能力对其生态化成长能力影响最大，其次是生态化战略能力，再次是生态化网络能力。其主要原因可能是处于成长期的农业企业生存压力有所缓解，其更多关注的是如何扩大市场份额并在同行业中获得竞争优势，而生态化创新能力无疑是其开发生态化产品和服务，实施产品差异化并建立绿色企业形象，提高企业竞争力的首要能力。此外，这个阶段的农业企业开始从战略层面开始思考企业的成长问题，生态化成长战略的制定、实施与调整成为其实施生态化成长关注的重要问题。农业企业处于成熟期时，生态化创新能力对其生态化成长能力影响最大，其次是生态化网络能力，再次是生态化战略能力。处于成熟期的农业企业已经具备了相当的规模和实力，进入了稳定发展期，确定了成长战略并建立了企业的各项规章制度，形成了自己的企业文化，但由于路径依赖的影响使其转变成长方式会遭遇很大阻力，企业要想成功实施生态化成长，生态化创新是其重要突破口，通过生态化技术创新、制度创新、文化创新和组织学习为其"生态化蜕变"做好转型准备。这个阶段的农业企业已经具备了较为庞大的企业网络关系，而其生态化成长战略的实施需要其重新整合企业网络中的生态化资源，因而这个阶段的生态化网络能力在生态化成长能力中的作用也更为凸显。农业企业处于衰退期时，生态化战略能力对其生态化成长能力影响最大，其次是生态化创新能力，再次是生态化网络能力。处于衰退阶段的农业企业各方面的业务都呈现出萎缩或下降的趋势，其根本原因是没能准确把握外部环境的变化趋势，现有的成长战略与动态变化的环境不相匹配，从而不能根据变化的环境整合企业内外部的资源。因此，在这个阶段实施生态化成长必须重新进行环境扫描，对威胁和机会进行评估，从而调整企业成长战略并重新整合内外部资源、能力使之与环境相匹配，生态化战略能力成为其生态化成长能力的首要能力。

第四，不同企业规模的分析结果。前面的分析中，本书就销售收入和员工人数两个方面对企业规模和农业企业生态化成长能力进行了方差分析，分析结果表明，不同的企业规模的农业企业其生态化成长能力不存在显著差异。其主要原因可能在于以下两个方面，首先，农业企业有别于一般的工商企业，其企业规模难以通过销售收入、员工人数、利润等指标予以反映，通过调研数据我们发现，很多企业员工人数较少的农业企业却有着很大的年销售收入（比如一些农业服务类企业），而有些企业员工人数很多却有着较低的年销售收入（比如一些种养殖类企业），有些企业即使有着很高的年销售收入，但利润却很低（比如一些种养殖类企业），而有些企业年销售收入不高但却有着很高的利润水平（比如一些农产品加工类企业、农业服务类企业），而有些企业拥有较多的员工人数又同时具有较高（低）的年销售收入和利润水平（比如一些综合类企业）。因此，本书通过一般工商企业常用的年销售收入和员工人数两个指标不能很好地反映农业企业的规模状况。其次，农业企业的规模与其生态化成长能力之间可能没有必然的联系。即使本书采用的两个指标能够较好地反映农业企业的规模状况，正如前文提到的，很多学者研究表明，企业规模与其能力之间没有显著的相关性，不同规模的农业企业生态化成长过程中同样需要具备和提升其生态化战略能力、生态化网络能力和生态化创新能力，因此，基于前面的实证分析，本书有理由认为企业规模的大小对农业企业生态化成长能力没有显著影响。

（3）农业企业生态化成长能力与生态化成长绩效关系的分析结果。

在前面的分析中，通过回归分析我们发现农业企业生态化成长能力与其生态化成长绩效之间存在明显的正向线性关系，并运用结构方程模型对农业企业生态化成长能力各要素之间以及各要素与其生态化成长绩效的关系进行了分析。分析结果表明，农业企业生态化成长能力各要素之间具有显著的相关关系，相关系数分别为 0.895、0.907 和 0.868，这很好地验证了农业企业生态化成长能力各要素之间相互依存、相互作用和相互影响的关系。此外，分析结果还表明，农业企业生态化成长能力各要素对生态化成长绩效都有正向影响作用，其中生态化创新能力对生态化成长绩效的影响最大，标准化系数为 0.321，其次是生态化网络能力，标准化系数为 0.238，最后是生态化战略能力，标准化系数为 0.193。这样的结果可能是由以下两个方面的原因导致的：首先，鄱阳湖生态经济区的农业企业大多处于成长期，根据前面的分析，处于成长期的农业企业，生态化创新能力在其生态化成长能力中具有最为重要的影响作用。其次，生态化创新能力特别是生态化技术创新能力对生态化成长绩效具有最为直接的影响，一方面，通过生态化技术创新开发出生态化产品和服务可以帮助农业企业提高利润率，而差异化的产品和服务又有助于其获得更大的市场份额，从而提高其成长绩效。另一方面，通过生态化技术创新可以提高资源使用效率，减少废弃物排放，从而直接改善生态化绩效。

第 7 章

促进农业企业生态化成长的
策略及政策建议

基于前文理论和实证分析可知，农业企业生态化成长能力是其实施生态化成长的决定性因素，其中，生态化战略能力是前提，生态化网络能力是基础，生态化创新能力是关键，它们对农业企业生态化成长绩效具有显著的正向影响作用。本章从农业企业生态化成长能力提升的角度，结合农业企业实际，提出促进农业企业生态成长的策略以及政策建议。

7.1 基于生态化战略能力提升的
农业企业生态化成长策略

根据前文分析，农业企业生态化战略能力是农业企业实施生态化成长的前提，包括生态化战略洞察能力、生态化战略匹配能力和生态化战略执行能力三个方面，其主要反映农业企业洞察、识别外部环境信息，制定生态化成长战略，并根据外部环境变化调整战略以及通过管理控制保证其生态化成长战略具体落实的能力。就目前的情况来看，在生态化战略能力方面很多农业企业存在以下几个方面的问题：由于企业管理决策层生态化意识不强以及缺乏完善生态化竞争信息分析系统，导致其不能很好地把握农业产业生态化发展趋势，洞察生态化成长所带来的机遇；传统的组织层级和缺乏柔性的战略部署使其难以及时根据外部环境的变化对其成长战略进行调整；较低的信息化水平和管理不规范导致其管理控制能力的明显不足，生态化成长战略执行效率低下。针对这些问题，本书从三个方面提出了提升农业企业生态化战略能力从而促进农业企业生态化成长的具体策略。

7.1.1　提高企业生态化意识，建立生态化竞争信息分析系统

（1）增强企业生态化意识，提升管理决策层生态化成长战略眼光。

企业战略从本质上是企业管理决策层的一种选择与判断（Child，1972），企业生态化成长战略制定的主体同样也是企业的决策管理层（陈浩，2003），农业企业决策层特别是企业家的生态化意识、对农业产业化发展的特点以及趋势的把握和判断能力是企业战略洞察能力的重要体现，因此，农业企业管理决策层必须增强生态化意识，加深对生态化成长战略的理解，努力将眼前短期利益与长期发展协调起来，提升生态化成长战略眼光。比如超大现代农业集团总裁郭浩在分析农业产业环境时持就有三个基本观点：第一，中国虽是农业大国，但远不是农业强国，农业开发在中国仍大有可为。在他看来，农业并非人们所说的投资多、见效慢、利润薄的弱势产业，现代农业开发将是传统行业中的一匹"黑马"，对于拥有13亿人口的中国，农业蕴涵着巨大商机。第二，随着人们生活水平不断提高，对食品安全问题的日益关注，消费者的绿色消费意识将逐步增强，中国拥有极富潜力的绿色农产品消费市场。第三，在未来的贸易中，以环境保护与食品安全为背景的"贸易壁垒"必将随着生态化技术的迅速发展而变得更加严厉，绿色、有机农产品的含金量将会越来越得到体现。正是持有这三个基本观点，超大集团提出了"走绿色道路，创生态文明"的经营理念和构建"绿色生态产业链"，实施生态化成长的经营战略。

（2）建设和完善生态化竞争信息分析系统。

企业家个人的真知灼见自然可贵，但是在激烈的动态竞争环境中，仅靠企业家个人的判断恐怕是远远不够的，企业要准确把握外部环境的变化和产业发展趋势需要建立完善的竞争信息分析系统。企业竞争信息系统是从企业竞争战略的高度出发，通过充分开发和有效利用企业内外资源，探

察、监视和分析外部环境变化动态，为企业获得或维持竞争优势的"商业雷达系统"（谢卓君，2002）。生态化竞争信息系统的建立和完善不仅可以帮助农业企业更加快速、准确和全面的把握外部环境中生态化政策信息、生态化市场信息、生态化人才信息和生态化技术信息的动态变化，而且通过信息处理和分析更加清晰地把握整个农业产业的发展趋势，从而帮助企业决策管理层及时识别和把握外部环境中存在的生态化成长机会。比如福娃集团在对外部环境竞争信息进行分析的过程中，洞察到城镇化发展建设和生态化消费的两大需求趋势，在对相关信息、数据进行收集和分析的基础上，确定了将绿色生态化与新型城镇化相结合的成长战略。通过积极融入其所在监利县新沟镇的城镇化建设，与镇政府联合开发项目，形成了以绿色农副产品生态化加工和生产为核心的产业集群，不仅实现了福娃集团自身的规模的壮大和绿色竞争力的提升，而且推动了其所在新沟镇的城镇化发展，新沟镇于2008年被农业部授予"全国农副产品加工示范基地"。

7.1.2　优化组织结构，提高内部资源的战略柔性

（1）建立扁平化组织结构。

钱德勒（Chandler，1962）提出了"结构跟随战略"的思想，即战略决定结构，结构追随着战略，因此，组织结构是服务于战略目标的工具，而组织结构是组织内部各构成要素以及它们之间的相互关系的总和（任浩，刘石兰，2005）。农业企业生态化成长战略是农业企业为了适应因生态环境变化而导致外部环境系列变化而实施的动态战略，因此，其组织结构必须有利于生态化战略的动态性。目前农业企业的组织结构大多仍是按照工作内容和组织活动的相似性加以归类和分组，通过纵向的层级链来协调和控制整个组织，这种传统的组织结构在快速变化的环境中容易产生层级链负荷过重，也不利于决策管理层对产生的问题或出现的机会做出快速的反应。农业企业实施生态化成长战略应该以提高反应能力为宗旨对企业的组织结构进行改造，通过设计扁平化结构和建立灵活的网络型团队结构

减少管理层次，提高农业企业生态化战略匹配能力。比如，温氏集团在其实施生态化成长战略过程中为了提升其对外部环境的快速反应能力，在"公司＋农户"的基本组织架构之上，实施三级组织架构，第一级公司为集团公司总部，主要任务是对集团公司成长战略和发展方向的宏观管理和监控；第二级公司为各区域分公司，主要任务是负责其区域范围的经营管理，具有独立的人力、物力、财力和市场的配置权；第三级公司为生产经营主体单位，是与合作农户直接连接的企业组织，包括鸡场、孵化场、饲料厂、销售部等，在这一组织结构中二级公司职能的转变使三级公司获得了相对的独立性，拥有了更多的经营决策权。温氏集团通过建立扁平化的组织架构，减少了纵向之间的管理层次，同时使企业管理和决策重心下移，在很大程度上提高了其面对不断变化外部环境的反应能力。

（2）提高农业企业内部资源的战略柔性。

所谓战略柔性，是指"企业在环境中识别变化因素，并迅速整合内部资源投入到适应新环境中的能力"（Katsuhiko，Hitt，2004）。通过这一定义我们可以知道，战略柔性其实质是在原有战略的基础上，通过重新整合资源对战略进行有效调整从而便于企业适应环境的变化，这实际上是在战略内容中更多地考虑环境变化并加入可能的措施，提高内部资源与外部环境的匹配程度。农业企业在制定和实施生态化成长战略过程中的战略柔性主要体现在通过生态化设计提高现有资源生产、销售不同产品的程度以及积极开发替代资源，并通过组织系统迅速的安排资源并将其应用到目标产品中，以实现企业资源与生态化成长战略的动态匹配。比如正邦集团2003 年进入养殖业，其主营业务本来是饲料生产和生猪饲养及销售，经过多年的发展于 2007 年成功上市。面对新的市场形势，正邦集团提出"二次创业"，适时向饲料和畜牧业前端的种植业拓展，通过生态化设计建立了"猪—沼—果（粮、鱼、油、菜）"立体生态型农业发展模式。具体而言，在猪场建设之处，正邦集团在严格按照畜禽良种化、养殖设施化、生产规范化、防疫制度化、粪污无害化等"五化"标准进行投资规划基础上，同时推行"生态养殖＋沼气＋绿色种植"循环经济模式即"种养结合"模式，以自主生产的饲料进行生态化饲养的基础上，将猪

（牛）产出的排泄物作为有机肥（经过发酵处理）替代化肥，用于种植产业的科学施肥，合理施肥，不仅有效地消除了动物排泄物对环境和生态产生的不良影响，避免了种植产业使用化肥对土壤成分的破坏，并且保证了种植产业产品的生态化和绿色性。正邦集团通过闭合的生产作业模式来保证了生产过程环境的友好和种植、养殖产品绿色性和安全性，并获取了种养产业链条的完整利润，实现了生态化成长。

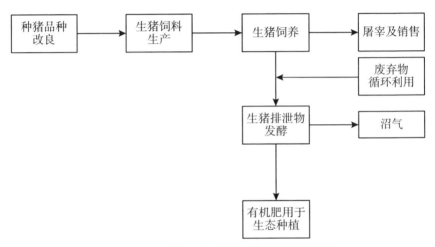

图7-1　正邦公司立体生态型农业发展模式

7.1.3　加强信息化和标准化建设，提高生态化管理控制水平

（1）加强信息化建设，提高农业企业信息化管理水平。企业信息化管理是指将企业的生产、经营、管理过程各环节通过数字化、信息化手段以信息资源的形式提供给各层次管理人员，以便他们能够及时洞悉、观察各类动态业务中的一切信息，从而提高企业决策效率和管理水平。加强农业企业信息化建设有利于其对战略执行情况进行监测，可以有效解决其生态化成长过程中生产经营活动不透明，难以监控等问题，提高其管理控制能力。比如温氏集团建立了集生产、销售和财务于一体的信息管理系统，通过信息化管理实现了对产业链生态化状况的全过程管理控制。湛江国联则建立"2211定时监控系统"，通过该系统可以对种苗培育、原材料接

收、产品生产、内外包装、综合检测、装柜出货等情况进行即时电子监控，有效保证了其生态化成长战略在产业链各环节的具体实施。

（2）推行标准化管理，提高农业企业各环节标准化程度。标准化管理是指以管理为核心，串联起各部门、各环节，按职授权、职责统一，并以科学的技术、方法和程序按照一定的标准指导企业生产经营工作（冯艳英，郝素利，丁日佳，2014）。比如超大集团在每一项操作流程都有严格的标准化要求，同时在生态化方面坚持做到"五个统一"，即统一使用果蔬良种；统一使用经中国有机食品发展中心等机构认证并获得 ISO9001 及 ISO14000 质量认证的生物有机肥料；统一使用无残留的生物农药；统一由技术专家按照生态化标准流程进行技术指导；统一对进入市场的产品进行检测和分级。标准化管理是超大集团"绿色生态产业链"上十分重要的一个环节，也使得其产品品质具有明显的竞争优势。

（3）建立农业企业产品可溯源机制，实现"从田间到餐桌"可控制。产品可溯源是指根据记录标识，可对产品历史和应用情况进行正向、逆向或不定向的追踪。目前有些农业企业已经建立了较为完善的产品可溯源机制和体系，比如临武舜华鸭业、福州超大、正邦、雪龙黑牛、湛江国联等企业都建立了产品可溯源或身份认证机制，通过建立产品可溯源机制一方面可以对出现质量问题的产品进行追踪，及时发现产品原材料采购、生产、销售、运输等环节存在的问题并予以纠正及追究相关责任，提高农业企业生态化成长过程中对整条产业链的管理控制能力；另一方面可以保障消费者对产品每个环节的知情权，提高消费者对产品的信任度和认可度。

7.2　基于生态化网络能力提升的农业企业生态化成长策略

生态化网络能力是农业企业实施生态化成长的基础，农业企业生态化网络能力包括生态化网络关系能力和生态化网络资源整合能力两个子维度，主要反映农业企业与网络成员就其生态化成长保持长期、稳定和良好的合作关系以及从网络成员那里寻求和获取有助于其实施生态化成长的原材料、设备、资金、人才、技术以及政策等资源并加以整合运用的能力。目前来看，导致一些农业企业生态化网络能力不强的主要原因在于以下几个方面：由于与网络成员之间存在信息不对称、沟通不到位，导致农业企业与网络成员彼此缺乏信任，而合作机制不规范导致农业企业与网络成员互相扯皮、相互推诿的情况时常发生，这使得很多农业企业无法与网络成员之间建立长期、稳定、深入的网络关系；由于企业规模较小和缺乏影响力，导致很多农业企业网络相对狭小，而且在企业网络中不能占据有利位势；由于自身"吸收能力"较弱，无法有效地整合网络中的生态化资源。针对这些问题，本书从两个方面提出了提升农业企业生态化网络能力从而促进农业企业生态化的具体策略。

7.2.1 建立生态化信息披露机制，加强和规范网络间的合作交流

（1）建立和健全农业企业生态化信息披露机制。网络成员之间的信任是相互之间交往与合作的基础与前提，而信任一般比较容易在公开透明的环境中形成和提升。目前农业企业中只有少数上市企业按照上市公司信息披露要求建立了自身的信息披露机制，以招股说明书、募集说明书、上市公告书、定期报告和临时报告等形式依法进行信息披露。事实上，农业企业通过建立和健全自身信息披露机制，定期或不定期地进行信息披露，能够提高农业企业与网络成员之间行为的公开透明程度，让农户、政府、金融机构、科研院所以及合作企业等网络主体更好地理解和了解其生态化成长战略，以及了解其生态化成长过程中遇到的主要问题，保障网络成员知情权，重视他们对生态化成长过程中的意见和建议，这样可以很大程度上消除农业企业与网络主体之间由于信息不对称和沟通不畅而产生的各种猜忌和顾虑，从而有利于农业企业建立更加稳定的生态化网络关系。

（2）加强农业企业与网络成员之间的沟通。有效的沟通是企业建立并维持网络关系的基础，良好的跨组织沟通有助于网络成员克服和消除彼

此之间由于地理空间、经营理念、文化差异等诸多因素形成的隔阂。同样，建立有效的沟通渠道和沟通机制对于农业企业形成良好的网络关系起着十分重要的作用。农业企业一方面，可以通过定期或不定期举行各种形式的技术交流会、研讨会、报告会等形式建立与网络成员之间面对面的沟通和协商平台，比如，熙可公司通过积极承办"世界柑橘学大会""中国柑橘加工技术及产业发展论坛""中国柑橘科技创新与产业发展战略论坛""中国柑橘学会年会"等会议及论坛，不仅提高了其在业内的知名度与影响力，也吸引了大批国内外同行及相关领域的专家和企业家公关参与探讨与沟通；另一方面，农业企业还可以充分利用当前先进的信息技术与通信网络建立全方位的、多种形式的沟通渠道，塑造网络成员间开放、坦诚的沟通气氛，进而不断改善其生态化网络关系。

（3）规范农业企业与网络成员的合作机制。在市场经济条件下，稳定、良好的网络合作关系必须建立在一定的约束条件下，农业企业可以借助相应的契约或合同的规范性条款对网络主体在其生态化成长过程中的权利、义务、责任等方面进行具体的约定，规范网络成员间的合作机制。然而，契约都是不完全的，农业企业与网络成员之间的交往与合作不可避免地会出现矛盾和冲突，农业企业应该秉着"公平、合作、共赢"的原则加以沟通和处理，当分歧影响到农业企业与网络主体之间的互信关系时，可以引入具有公信力的第三方机构，比如行业协会或者是商业联合会等民间自治团体予以调解，尽量消除网络合作的不利因素，维持网络内部的合作关系的持续和稳定发展。

7.2.2 拓展生态化网络，提高企业网络中心性和自身吸收能力

生态化网络资源整合能力在农业企业具体实践中主要反映的是农业企业从网络中寻求和获取有助于其实施生态化成长的原材料、设备、资金、人才、技术以及政策等资源并加以整合运用的能力。农业企业生态化网络资源整合能力的提升可以从以下三个方面着手：

（1）加强生态化网络拓展，为生态化网络资源整合提供基础。通过拓展生态化网络农业企业可以与更多的组织建立网络关系，从而提高其从网络中获取到其生态化成长所需资源的可能性。拓展网络的关键在于企业自身的影响力，因此，农业企业可以加大品牌建设和影响力方面的投入，比如借助相关国际展示平台，积极参与国内外各种生态化产品和设备展览会，扩大自身的外部影响，在进行生态化品牌推广的同时，也增加了与其他企业和重要的目标客户建立合作伙伴关系的机会，从而达到拓展其生态化企业网络的目的。

（2）提高企业网络中心性，占据生态化网络资源整合有利位势。企业在网络中的位置和节点的吸收能力对知识转移和知识创新起着重要作用，关系较多的企业拥有更多接触外部知识的机会，而处于中心位置的节点可以控制群组间知识的流动（Tsai，2001），相对于一般网络成员更易于利用和控制与技术创新相关的信息和资源（Hossain，2009）。因此，提高企业网络中心性可以很大程度上提升企业的网络资源整合能力。农业企业农业产业化中的"主导性"作用使其天然地占据着供应链的"链主"地位，而其组织运行上的产业集成属性使其与政府部门、金融部门、科研院所以及同行业企业等网络主体具有较为紧密的联系，这些特点为了其提高网络中心性提供了便利条件，农业企业可以通过生态化设计、生态化采购、生态化营销等措施加强对供应商、经销商的管理和控制，实现供应链的生态化整合，同时以生态化项目的方式寻求政府、金融、科研院所以及其他同行业企业的配合，从而确立其在生态化网络中的核心地位，提高其网络中心性。

（3）提升自身吸收能力，提高生态化网络资源整合的有效性。柯恩和莱温瑟尔（1990）指出，一个企业有效开发和利用来自组织外部资源的一个必要条件是企业具备较强的内部吸收这些知识的能力，称之为"吸收能力"。企业吸收能力的提升是企业内部长期投资和知识积累的过程，具有路径依赖性。农业企业想要提升吸收能力必须加强组织学习，提高企业员工认识和利用生态化网络中生态化资源的能力，要善于总结获取和利用网络生态化资源的经验和教训，只有充实了农业企业"先备"知识，才能提高在网络中获取新知识和新资源的能力。此外，通过加强与网络中的科研机构、科研院所之间的合作，共同开展研发活动，从中获取更多的基础知识和研发成果，也是农业企业提高其吸收能力的重要途径。

7.3　基于生态化创新能力提升的农业企业生态化成长策略

生态化创新能力是农业企业成功实施生态化成长的关键，农业企业生态化创新能力包括生态化技术创新能力和生态化创新支持能力两个子维度，主要反映农业企业开发、集成和运用生态化技术以及通过推进组织学习、建立创新激励制度和培育创新文化等以支持持续生态化技术创新的能力。从目前的情况来看，尽管农业企业普遍意识到生态化技术创新是其实施生态化成长以及获得竞争优势的关键，然而，由于大多农业企业规模较小、实力较弱，难以保证对生态化技术创新的持续投入，而生态化技术人才的缺乏也是导致其生态化技术创新能力不足的重要因素。此外，相对于生态化技术创新能力，生态化创新支持能力的重要性则较为容易被农业企业所忽视，针对这些问题，本书从两个方面提出了提升农业企业生态化创新能力从而实现农业企业生态化成长的具体策略。

7.3.1　加大生态化技术创新投入，建立人才供给和创新合作机制

（1）加大对生态化技术创新的投入。农业企业要获得生态化创新能力的持续提升，对生态化技术创新稳定、持续的投入是基础，比如熙可食品有限公司优先保证生态化技术创新的经费投入，重点安排生态化新技术、新成果的引进，每年按照产值 3.5% 提取科研经费，每年实际投入到研发中的专项资金超过 500 万元。此外，农业企业还可以借助各级政府对生态化技术创新以及农业产业化的大力支持，自主选择适合企业生态化成

长的创新项目，或者开发符合政府政策支持的生态化新技术、新材料和环保产品，争取政府的经费支持和补贴。比如鑫源蚕丝绸集团通过积极实施国家科技支撑项目、国家循环经济项目、国家星火计划项目、国家富民强县项目、省重大科技成果转化项目等众多科技项目，实现了多项生态化技术的突破，其中其自主发出了天然彩色蚕丝新技术达到了国际领先水平，有效减少了丝绸印染环节化工原料污染物的排放。

（2）完善人力资源供给机制。技术人才是技术创新的关键，而人才严重缺乏是困扰农业企业成长的重大问题（陈李明，杨志锐2010），提升农业企业生态化技术创新能力必须完善其人力资源供给机制。农业企业可以通过与相关院校签订学生实习、实践和就业合作协议，建立较为稳定的人才培育基地；通过建立"送出去"与"请进来"相结合、学历培训与技能培训相结合、岗前培训与在职培训相结合的创新人才培训体系；通过与科研院所、大中型企业和社会团体等社会力量共同建设农业企业继续教育服务基地等。比如福娃集团就建立了一套"招聘一代，培养一代，储备一代，运用一代"人才使用和储备体系，通过大学生就业平台每年接收500名大学生到集团实习作为人才储备，同时不断创新人才关爱方式，依据"关心、关爱、关注"宗旨服务员工，留着人才。不断创新和完善的人力资源供给机制为福娃集团实施生态化成长提供了不竭的动力。

（3）构建生态化创新网络。在动态的外部环境下，企业生态化创新面临着技术的复杂性、创新的风险性以及市场的不确定性等多重困难，任何企业都难以拥有保证其不断进行生态化创新的全部资源和技术，企业与网络成员间的资源依赖性越来越强。在这样的背景下，农业企业生态化技术创新需要更多地寻求外部信息、知识、资源，通过与其他企业或科研院所展开创新合作，构建生态化创新网络是其提升生态化创新能力的重要途径。比如鑫缘集团通过与苏州大学、中国农科院、江苏科技大学、江苏省农科院等科研院所围绕蚕丝绸产业生态化新材料、新工艺、新技术展开紧密合作，打造了一个丝绸行业生态化技术合作创新平台。超大集团通过与中国农业大学、中国农科院、南京农业大学、沈阳农业大学等科研院所建立长期、稳定的战略合作伙伴关系，构建了以企业创新为主体，产、学、研相结合的科技成果产业化模式，创造了很好的科技效益，为其"绿色生态产业链"以及实施生态化成长提供了强有力的技术支持。

7.3.2 构建学习型组织，注重生态化创新制度的完善和文化的培育

（1）积极推进组织学习。企业创新能力的提升归根结底在于知识的获取，而组织学习是企业知识获取的重要源泉，其对于企业创新能力的促进作用已经得到了大多数学者的认同（吴昊，孙健敏，2014），可以说，组织学习水平的高低和学习能力的强弱直接决定着企业创新能力的强弱，因此，构建学习型组织，不断推进组织学习是农业企业生态化创新能力得以持续提升的关键。比如，正邦集团着力在企业内部树立"勤于学习、善于学习、终身学习"的学习观，认为学习是正邦创新精神的前提，并开设了正邦学院，定期对各层次员工进行培训，鼓励员工通过学习更新观念、创新思想。

（2）建立生态化创新支持制度。企业创新支持制度主要体现在创新激励制度，即通过制定各种激发员工创新积极性、鼓励员工创新的制度和措施来推进企业创新发展。农业企业应该建立物质激励、精神激励和机会激励相结合的全面的生态化创新制度，比如在物质激励方面可以通过采用薪酬激励、股权激励等方式，在精神激励方面可以设立"生态化技术创新奖""生态化管理创新奖""合理化建议奖"等荣誉，在机会激励方面可以给予积极进行生态化创新的员工更多的学习、培训或晋升等。通过建立全方位的生态化创新支持制度，有利于充分调动广大员工生态化创新的积极性，激发他们的创新潜能，促进生态化创新人才的脱颖而出。比如熙可公司在工资制度方面力求向参与产学研结合工作的科技人员倾斜，对做出贡献的科研人员发放特殊津贴，同时每年拿出新技术产生效益的 5% ～ 10% 用于反哺科研院所的科研基金，此外，熙可公司设立了重大科研成果贡献奖，对企业关键技术公关、解决生产技术难题方面做出突出贡献的团队和个人予以重奖，并大力推行"金蓝领"计划，鼓励技术创新人才脱

颖而出。熙可公司尽管没有特别针对生态化创新制定激励制度，但是其对科技创新支持制度也极大地鼓励了生态化技术创新，比如开发了自然降解、环保无污染的包装塑料杯，通过改进酸碱处理与漂洗工艺将耗水量减少了近一半等。

（3）培育企业生态化创新文化。创新文化是指一种倡导创新精神的企业文化，这种文化能够通过激发和促进企业创新思想、创新行为和创新活动的产生帮助企业组织达到很高的目标（AlanL. Frohman，1998）。企业创新文化是企业组织内在精神和外在表现的统一体，主要包括有利于创新的价值观念、行为准则、组织制度等隐性要素和员工行为、企业形象等显性载体。农业企业要实现持续的生态化技术创新，需要有生态化创新文化作为支撑，因此必须结合自身生态化的经营理念努力培育和塑造全体职工所认同生态化创新文化。

7.4　促进农业企业生态化成长的政策建议

7.4.1　完善农业环境保护法律法规和政策措施

环境保护法律法规被众多学者认为是企业采取生态化措施的重要驱动因素（Lampeet et al.，1991；Cordano，1993；Post，1994；Lawrence，Morell，1995；Preuss，2002），环境保护法律法规对于企业生态化的驱动主要来自两个方面：第一，不断升级的处罚，罚款和诉讼费用迫使企业不得不实施生态化以满足现有法律，获得市场准入和避免现有法律的惩罚（Cordano，1993）；第二，对于未来的遇见性，走在现有法规的前面可以避免未来因为法律标准提高而改变产业方向或退出该产业，因为资产专用性而遭受巨大损失（Lampe et al.，1991）。因此，从政府的角度来看，制定和完善环境保护方面的法律法规是其驱使农业企业转变成长方式，倒逼农业企业培育和提升自身生态化成长能力的首要措施。

自 20 世纪 80 年代以来，我国各级政府针对日益恶化的生态环境陆续出台和修订了一系列环境保护方面的法律法规，比如《环境保护法》《大气污染防治法》《水污染防治法》《固体废弃物污染环境防治法》《清洁生产促进法》《节约能源法》《循环经济促进法》《环境影响评价法》等，其中针对农业环境保护的法律法规有《农业法》《土地管理法》《农产品质量安全法》《农产品产地安全管理办法》《基本农田保护条例》《农药管理条例》等，这些关于环境保护的法律法规在很长时期内对于指导我国农业经济发展中控制污染、保护生态化环境起到了非常重要的作用。然而，随着农业产业化的快速推进和经济转型的不断升级，在新的历史背景下，面对新的形势和发展中出现的新问题，我国农业环境保护法律体系和政策还存在一些明显不足，比如立法相对零散，多表现为行政法规、部门规章和临时性政策形式，法律的威严性不足；法条总体上是一种倡导和禁止式的，缺乏可操作性；权利和义务设置不合理，大多都是义务性的规定，缺乏权利主张；主体模糊责任不清且缺乏强制性，监管力度不强等。因此，在整合原有法律法规基础上，进一步厘清法律关系，建立完善的农业生态环境保护法律体系是推动农业企业提升其生态化成长能力重要举措。

首先，以《环境保护法》的修订为契机，健全和完善农业环境保护法律法规体系，制定符合可持续原则的综合性的农业基本法，对农业发展中的生态化理念、指导思想、总体目标和规划以及农业生产主体及政府与社会农业生态环境保护中的权利义务等进行明确和规范；在完善基本法的基础上加强农业环境保护单行法建设，对现有法律法规进行梳理整合，着力解决一些法律制度不符合当前实际以及单项法与基础法之间、单项法与单项法之间不衔接等问题，提高法律法规的可操作性，同时针对农业产业化中环境保护方面出现的新情况和新问题起草、颁布具有针对性的单项法规和地方性特色法规；建立和完善农业生态环境的监测和管理体系，加大环境影响评价制度向农业生产经营者的拓展适用，制定和完善农业清洁生产标准及农业清洁生产管理办法，将清洁生产制度应用于农业生产的全过程控制，将推进农业生态化发展依法纳入规范化、制度化管理轨道。

其次，在强调农业环境保护法规政策的同时，加强对农业企业生态化成长经济政策的实施，充分利用各种经济手段，把企业隐性的环境成本显性化，只有将环境风险反映到企业的经营成本上，才能更加有效地激发农业企业自觉加强环境保护的内生动力，促进其培育和提升生态化成长能力。比如，可以实施绿色信贷政策，通过建立农业企业环境信用评价体系，让环境违法的农业企业进入信贷"黑名单"，增加其信贷融资难度和成本；通过采用绿色证券政策设定农业企业上市"绿色门槛"，建立上市农业企业环境保护核查、督察制度和环境信息披露机制，提高环境违法农业企业的直接融资难度和成本；通过绿色贸易政策对环境绩效良好的农业企业实行出口退税政策，间接提高环境违法的农业企业的贸易成本等。通过制定与农业环境保护法律法规配套的多渠道经济政策可以更加灵活和更具针对性地驱动农业企业实施生态化成长和生态化成长能力的提升。

最后，研究实施资源环境税费制改革，推进现有税制"绿色化"。国际经验证明，推进资源环境税是将环境成本直接"内部化"的有效途径，是生态补偿的重要形式。资源环境税是税收体系中与环境、自然资源利用和保护有关的各种税种和税目的总称。目前我国资源环境税征税范围过窄，只局限于水资源费、耕地开垦费、渔业资源费等方面，且所征费用和税率较低，对资源的使用起不到应有的限制作用，实践中浪费资源的现象依然严重。为促进农业的可持续发展，我国应该进一步扩大资源环境税的征收范围，提高紧缺资源的征收税率，从而更加准确地反映出资源的稀缺程度，激励使用者节约、高效地利用资源。通过推进税制的"绿色化"不仅有利于农业生产方式和消费方式的转变，减轻对农业生态环境的破坏，而且能够有效激励农业企业和科研院所对治理污染新方法、新技术的探寻和开发，从而有利于农业企业生态化成长能力培育和提升。

7.4.2 倡导绿色消费和完善绿色市场管理

生态环境属于"公共产品"，具有外部性、非竞争性和非排他性，因此在自然生态环境保护领域容易产生所谓的"市场失灵"，农业企业在实施生态化成长以及培育和提升生态化成长能力过程中所付出的成本难以通过市场得到价值补偿，这也是为什么政府会通过财政补贴或转移支付等手段对企业生态化行为予以补偿的根本原因。然而，生态环境具有公共产品属性并不一定就说明市场机制在其中就不能发挥作用，就只能由政府对其价值进行补偿。农业企业作为企业的一种特殊形态，其仍是市场竞争的主体，要实现农业企业的生态化成长，其生态化价值终究要通过市场交换得以补偿，只有这样，农业企业才会有动力不断培养和提升其生态化成长能力，从而通过生态化获得可持续的成长。

事实上，随着环境污染的恶化和消费者理性消费绿色产品意识的兴起，潜在的绿色消费需求和绿色产品经营平台已经开始形成，但也仍然存在社会公众绿色消费意识薄弱，绿色价值理念尚未全面形成；绿色市场体系建设滞后，管理不严格；绿色产品认证制度不规范，绿色产品市场占有率低等问题，因此，政府应该进一步发挥引导和管理作用，大力促进绿色市场的建设和完善。具体措施包括以下几个方面：

首先，采取措施大力倡导绿色消费，比如在全社会范围推广绿色教育，并尽可能地宣传绿色思想，为消费者营造绿色的社会文化环境，从而提高消费者的环保意识，改变消费者的消费模式，促进绿色消费行为。另外，政府采购具有巨大的市场效应，通过实施政府绿色采购可以引导绿色消费倾向，是构筑绿色消费模式的重要措施和突破口。

其次，积极推动和规范节能、环保产品标志的认证工作，加强绿色产品质量检查和监督，提高绿色产品和环保标志产品的认知和信赖度，保证绿色产品和服务质量和可信度。绿色环保标志是企业生态化产品和服务其生态化价值的集中体现，也是农业企业实施生态化营销，通过差异化获得竞争优势的重要手段，在信息不对称的条件下，绿色环保标志也是消费者判断生态化产品和服务价值的主要依据，加强绿色环保标的认证，确保绿色环保标志产品和服务的真实可靠，是推动农业企业生态化价值在市场机制中得到补偿的重要保障。

最后，加强市场监督和规范，营造公平的绿色市场竞争环境。由于绿色生态产品具有较高的技术要求和严格的生产标准，产品质量一般高于普通同类产品，这就决定了绿色生态产品通常具备较高的价格，利益驱动会导致许多企业的"绿色欺诈"行为，甚至是将假冒伪劣产品包装为绿色产品，非法使用绿色产品标识，这不仅会严重损害真正生态化企业利益，甚至会出现"劣币驱逐良币"现象，威胁绿色市场的生存发展，因此，必须严厉打击生产、销售假冒伪劣绿色产品等扰乱绿色市场的行为，保证良好的绿色消费市场环境。

7.4.3　多方面构建农业企业生态化成长服务平台

农业企业生态化成长能力包括生态化战略能力、生态化网络能力和生态化创新三个方面，政府可以着重从以下几个方面入手搭建平台，促进农业企业生态化成长能力的提升：

首先，通过搭建和完善集成信息系统平台，可以帮助农业企业及时获取外部生态化信息和资源，从而提高其根据环境变化及时做出反应的能力和制定、调整战略的能力。比如建立集生态化政策、人才、科技、市场信息为一体的网络服务平台，实现生态化政策信息、生态化科技人才信息、生态化技术信息和生态化市场供求、价格信息的资源共享，通过检索、预定、咨询、指导等服务形式，实现生态化资源与农业企业及农业产业的有效对接，从而构建基于服务农业企业生态化成长的集政策、信息、市场、知识、技术、人才和管理一体化的现代农业服务模式。

其次，通过政府牵头建立企业间和企业与其他组织机构的生态化合作平台，提高农业企业参与和构建生态化网络的能力。比如在科学合理和多方位"生态化"设计的基础上，通过筹建生态化农业产业园区等形式，促进"清洁生产、资源梯级循环利用、废物交换利用"的产业体系集聚，构建起龙头企业生态化产业链网络。同时，以政府信用为保障，搭建农业企业与其他组织展开生态化合作平台，倡导校企合作、银企合作以及企业与地方政府展开合作，为农业企业更为便利地建立生态化网络关系和更好地获取生态化网络资源提供支持。

最后，建立农业企业生态化创新政策引导平台。从财税、投融资、人才、知识产权、市场等方面对推动农业企业的生态化创新，建立促进产学研结合的协调机制，加强生态化科技成果转化等方面给予政策支持。比如在财政税收方面，加大对农业生态化技术研发、引进和推广的资金财政投入，进一步提高农业企业购买科研设备抵免企业所得税的比例和税前提取研发风险准备金的比例；在金融政策方面，进一步创新有利于农业企业生态化创新的融资优惠政策，鼓励民间资本向农业企业投资用于创新活动；人才培育和引进政策方面，加强政策配套和集成支持，完善人才服务体系建设，建立健全科学、合理的人才激励机制，为企业人才引进创造良好的外部环境；知识产权方面，进一步完善知识产权保护制度，鼓励企业取得以发明专利为代表的生态化技术知识产权，并扶持其在生产领域的转移、扩散和运用，促进创新成果权利化，为生态化技术创新提供了良好的法律环境。此外，以科技创新项目为抓手支持农业企业与高校、科研院所联合开展农业生态化新品种、新技术、新工艺的研发，促进推动产学研合作和实现农业生态化创新技术在农业企业中的迅速推广。

第 8 章

结论与展望

在生态环境破坏日趋严重和资源环境"瓶颈"日益凸显的背景下,作为现代农业产业体系重要载体和主体的农业企业,其外部环境正发生着系列变化,实行成长战略的生态化转变,走一条企业成长与自然生态环境协调发展的成长道路即实施企业生态化成长是农业企业适应外部环境实现可持续竞争优势的必然选择。企业能力是企业成长的基础,决定了企业成长的速度、方式和界限(Penrose,1959),因此,本书基于企业能力构建农业生态化成长的分析框架,对深入了解农业企业生态化成长的内在机理和影响因素具有重要意义。本章是本书研究工作的总结,包括研究过程中得出的主要结论、存在的局限性和对未来研究的展望。

8.1 结　　论

本书在对企业生态化和企业成长相关文献进行梳理和归纳的基础上提出了企业生态化成长的概念,并基于企业能力的相关研究认为企业生态化成长能力是企业实施生态化成长的决定性因素,结合农业企业的特点和具体实际构建了农业企业生态化成长能力体系,对农业企业生态化成长能力与其生态化成长绩效之间的关系进行了较为深入的理论探讨和实证分析,得出了一些基本结论,主要体现在以下几个方面:

(1)企业生态化成长概念的界定及农业企业生态化成长的核心要素。

　　结合企业成长和企业生态化的相关观点，本书提出企业生态成长的概念，认为企业生态化成长是指将生态化理念融入企业成长战略并贯穿于企业经济活动始末，按照生态化的要求设计、组织和改造企业流程并调整企业行为，通过生态化设计、生态化管理和生态化创新达到资源利用效率最大化和废弃物排放最小化并由此获得企业竞争优势持续提升的一种积极的环境战略和新型的企业成长方式。农业企业作为构建现代农业产业体系的重要主体和载体，具有经营领域上的"涉农性"、农业产业化中的"主导性"和作用上的"多功能性"等特征，其实施生态化成长既是生态农业发展的必然要求，也是农业企业适应外部环境变化的需要和实现自身成长的重要途径。通过理论分析，本研究认为，生态化战略的确立和有效实施是农业企业实施生态化成长的前提，围绕生态化成长战略目标构建一个有利于其实施生态化成长生态化网络是其成功实施生态化成长基础，而生态化创新是其通过生态化获取竞争优势和实现成长的关键。

　　（2）农业企业生态化成长能力体系的构建及实证检验。

　　企业能力是企业活动的基础，企业生态化成长能力是与企业生态化成长紧密联系的一种特殊的企业能力，是企业为了应对资源日益短缺和生态环境破坏日趋严重导致的复杂、多变的外部环境，通过对企业资源进行重新配置、整合和创新，调整自身行为和成长路径，形成生态化成长方式所须具备的企业能力体系，而农业企业生态化成长能力是企业生态化成长能力在农业企业这一企业类型中的具体体现。对现有企业能力结构研究文献梳理、总结的基础上，结合本书对农业企业组织特点、农业企业生态化成长核心要素的理论分析，本书构建了农业企业生态化成长能力体系，认为农业企业生态化成长能力包括生态化战略能力、生态化网络能力和生态化创新能力三个能力要素，并对这三个维度进行了深入剖析，其中，生态化战略能力包括生态化战略洞察能力、生态化战略匹配能力和生态化战略执行能力 3 个维度；生态化网络能力包括生态化网络关系能力和生态化网络资源整合能力 2 个维度；生态化创新能力包括生态化技术创新能力和生态化创新支持能力 2 个子纬度。在理论分析的基础上，本书开发了测量量表对农业企业生态化成长能力进行了测量，其中，利用 11 个题项从战略洞察能力、生态化战略匹配能力和生态化战略执行能力三个方面对生态化战略能力进行了测量;利用6个题项从生态化网络关系能力和生态化网络资源整合能力两个方面对生态化网络能力进行了测量;利用8个题项从生态化技术创新能力和生态化创新支持能力两个方面对生态化创新能力进行了测量。通过对量表进行信度和效度检验,表明该测量量表具有良好的信度和效度。

在理论分析的基础上,本书以鄱阳湖生态经济区205家农业企业作为样本对农业企业生态化成长能力体系的构成进行了实证检验,检验结果显示,生态化战略能力、生态化网络能力和生态化创新能力确实可以很好地反映农业企业生态化成长能力,各能力要素的维度划分也能够较好地反映各能力要素的构成。同时,实证结果还表明,农业企业生态化成长能力各能力要素在农业企业生态化成长能力的构成中具有不同的重要性,各能力要素的子要素也是按照不同重要程度进行匹配的,其中,对于农业企业生态化成长能力这个外源潜在变量而言,三个内源潜在变量的重要性排序分别为:生态化网络能力、生态化创新能力、生态化战略能力。生态化战略能力这个内源潜在变量的三个可观测变量重要性排序为:生态化战略洞察能力、生态化战略执行能力、生态化战略匹配能力;生态化网络能力这个内源潜在变量的两个可观测变量重要性排序为:生态化网络资源整合能力、生态化网络关系能力;生态化创新能力这个内源潜在变量的两个可观测变量重要性排序为:生态化技术创新能力、生态化创新支持能力。

(3)农业企业差异性对其生态化成长能力的影响。

本书通过单因素方差分析分别对不同的企业所有权性质、企业经营范围、企业生命周期阶段、年销售收入和员工人数等因素对农业企业生态化成长能力的影响进行了实证分析,分析结果表明,不同企业所有权性质,不同企业经营范围和不同规模的农业企业其生态化成长能力不存在显著的差异,而不同企业生命周期阶段的农业企业其生态化成长能力存在显著的差异。其中,处于创业期的农业企业,生态化网络能力在农业企业生态化成长能力中起着最为关键的作用,其次是生态化创新能力,再次是生态化战略能力。处于成长期时,生态化创新能力对其生态化成长能力影响最大，其次是生态化战略能力，再次是生态化网络能力。农业企业处于成熟期时，生态化创新能力对其生态化成长能力影响最大，其次是生态化网络能力，再次是生态化战略能力。农业企业处于衰退期时，生态化战略能力对其生态化成长能力影响最大，其次是生态化创新能力，再次是生态化网络能力。

（4）农业企业生态化成长能力与其生态化成长绩效之间的关系。

对于农业企业生态化成长能力与其生态化成长绩效之间的关系本书通过回归分析和结构方程分析两种分析方法对其进行了实证。在回归分析中，本书把农业企业生态化成长能力和其生态化成长绩效分别作为自变量和因变量，把企业所有权性质，企业经营范围，企业生命周期阶段，年销售收入和员工人数作为控制变量，分析结果表明，农业企业生态化成长能力与其生态化成长绩效之间具有显著的正向线性关系。此外，为了进一步分析农业企业生态化成长能力各能力要素与其生态化绩效之间的关系，本书构建了农业企业生态化成长能力与其生态化成长绩效关系的结构方程模型并对其进行了实证检验。研究结果显示，生态化战略能力、生态化网络能力、生态化创新能力对生态化成长绩效具有显著的正向作用关系，其中生态化创新能力作用最大，生态化网络能力次之，生态化战略能力最后。同时，研究结果也表明了农业企业生态化成长能力各要素之间具有较高的相关关系，这很好地说明了三个能力要素相互作用、相互协同，共同作用于农业企业生态化成长绩效。

8.2 研究局限性

（1）研究深度有待加强。本书在理论分析和实地访谈基础上构建了基于企业能力的农业企业生态化成长理论模型，并通过实证研究对其进行了实证检验，根据研究结果认为农业企业生态化成长能力及各能力要素对其生态化成长绩效具有正向的影响作用，但对农业企业生态化成长能力及其构成要素究竟如何影响其生态化成长绩效的则缺乏进一步的深入研究。

（2）研究结论的普适性不够。本书是以鄱阳湖生态经济区部分农业企业作为研究样本的，因而使本研究的结论带有明显的地域特征，在普遍适用性上具有较大的局限性，对研究结论的推广和应用具有一定的制约作用，因此，还需要在更大范围内进行调研以对其进行进一步的验证。

（3）实证研究方法相对单一。本研究在实证分析上只采用了访谈法和问卷分析法对理论模型进行检验，缺乏深入的典型案例分析，尽管问卷分析方法是管理定量研究中最为普及的方法，但如果能够深入一些农业企业，结合多个典型案例对农业企业生态化成长能力的形成、演化和作用机理进行验证，将会得到更为理想和更有说服力的实证结果。

8.3　未来研究的展望

本书，至少还有以下几方面的内容需要进一步的深入研究：

（1）本书对农业企业生态化成长能力的影响因素只从企业所有权性质、企业经营范围、企业生命周期阶段、企业规模等企业内部差异性方面做了较为简单的分析。事实上，影响农业企业生态化成长能力的因素还有很多，比如企业高层管理人员的心智模式、企业员工的知识水平以及外部环境中政策扶持情况和行业竞争强度等，都可以做进一步深入的分析。

（2）农业企业生态化成长是一个动态演化过程，如果可以获得农业企业生态化成长能力各要素变量的连续性描述，那么就可以尝试通过建立系统动力学模型，借助仿真模拟等研究方法更好地把握农业企业生态化成长的动态演化规律。

（3）本书只得出了农业企业生态化成长能力及各能力要素对其生态化成长绩效具有正向的影响作用这样一个较为粗略的结论，而对农业企业生态化成长能力及其各能力要素正向影响其生态化成长绩效的作用机理没有展开深入的研究，今后的研究中可以尝试着增加一些调节变量或中介变量，更深入地研究其对生态化成长绩效的作用机理，可能会得出更加符合实际和更加具有实践指导意义的结论。

附录

农业企业生态化成长问卷调查

尊敬的女士／先生，您好！

企业生态化成长是指将生态化理念融入企业成长战略并贯穿于企业经济活动始末，按照生态化的要求设计、组织和改造企业流程并调整企业行为，通过生态化设计、生态化管理和生态化创新达到资源利用效率最大化和废弃物排放最小化并由此获得企业竞争优势持续提升的一种积极的环境战略和新型的企业成长方式。本次调查旨在了解农业企业生态化成长能力方面的相关问题。本研究问卷不记名，请您根据自己了解的真实情况独立完成这份问卷，并尽可能回答所有问题。此次调查完全出于学术研究目的，对于您所提供的信息我们将严格保密，保证不会用于商业化活动。

对您的支持、配合与帮助，我们深表感谢！

一、以下是对企业基本情况的描述，请您根据贵企业的情况填写。

1. 企业名称：＿＿＿＿＿＿＿＿＿＿

2. 企业所在地区是江西省＿＿＿＿＿＿市

3. 企业成立于＿＿＿＿＿年

4. 企业性质：＿＿＿＿（1. 国有及国有控股企业；2. 集体所有制企业；3. 民营企业；4. 外资企业；5. 其他）

5. 企业类型：＿＿＿＿（1. 种植养殖类；2. 农产品加工类；3. 农业服务类；4. 综合类；5 其他）

6. 企业处于：＿＿＿＿（1. 创业期；2. 成长期；3. 成熟期；4. 衰退期）

7. 企业年销售收入大约是：＿＿＿＿（1. 1000 万元以下；2. 1000 万~3000 万元；3. 3000 万~5000 万元；4. 5000 万~1 亿元；5. 1 亿元以上）

8. 企业在职员工数：_____（1. 200 人以下；2. 201～500 人；
3. 501～1000 人；4. 1001～2000 人；5. 2000 人以上）

9. 您是贵企业的：_____（1. 高层管理人员；2. 中层管理人员；
3. 基层管理人员；4. 普通员工）

二、以下是企业生态化成长能力方面的描述，请您根据您对企业的了
解来判断下列陈述句与贵企业客观情况的符合程度。"1"表示"完全不
同意"，"5"表示"完全同意"，请在表格后列写上相应的数字。

生态化战略能力（1 = 完全不同意；2 = 基本不同意；3 = 不能确定；4 = 基本同意；5 = 完全同意）	
1. 企业善于识别和处理市场和政策环境中有关生态化方面的各种信息	
2. 企业建立了完善的竞争信息分析系统，对企业在竞争中所处的位势有准确的了解	
3. 企业能从市场和政策环境中准确发现生态化成长可能存在的机会	
4. 企业能够准确把握农业产业化发展的特点	
5. 企业对农业产业化发展的趋势有敏锐的洞察力和判断能力	
6. 企业具有清晰的生态化发展思路和战略规划	
7. 企业能够根据环境变化及时进行动态战略调整	
8. 企业具有与生态化战略相匹配的组织结构、制度安排及流程设计	
9. 企业建立了完善的生态化内部管理控制体系，能够对企业生产运营中的生态化情况进行有效的监督和控制	
10. 企业能将各类员工的业绩考核与奖惩制度与生态化成长战略执行相衔接	
11. 与生态化成长战略相衔接的激励约束机制能够较好地激发员工工作热情和主观能动性	
生态化网络能力（1 = 完全不同意；2 = 基本不同意；3 = 不能确定；4 = 基本同意；5 = 完全同意）	
1. 企业能够与交易伙伴以及同行企业、政府部门、金融机构、科研院所、中介机构保持良好的合作关系	

生态化战略能力（1＝完全不同意；2＝基本不同意；3＝不能确定；4＝基本同意；5＝完全同意）	
2. 企业能够为合作伙伴着想，采取恰当的方式处理与合作伙伴之间的矛盾	
3. 企业能够与合作伙伴进行协作，有效地解决环境保护和废弃物循环利用方面遇到的问题	
4. 企业能够准确判断生态化成长过程中需要从合作伙伴那里获取哪些资源	
5. 企业能够根据生态化成长的需要，快速、合理地从合作伙伴那里获取各种资源	
6. 企业能够实现内外部资源的高效整合	
生态化创新能力（1＝完全不同意；2＝基本不同意；3＝不能确定；4＝基本同意；5＝完全同意）	
1. 企业能够快于竞争对手开发出新的生态化技术和工艺	
2. 企业能够快于竞争对手将新的生态化技术和工艺运用于相关产品和服务	
3. 企业能够保障对生态化技术创新和工艺研发的较大投入	
4. 企业建立了有利于部门间沟通协作和员工之间经验交流的组织结构	
5. 企业能够根据新的创新计划灵活调整组织结构及相关制度	
6. 企业强调学习在企业创新和企业成长中的关键作用，建立了学习型组织	
7. 企业具有开放协作的企业文化，能够营造良好的创新氛围	
8. 企业重视创新人才的培养和引进	

三、以下是贵企业在生态化成长绩效方面的信息，请针对贵企业的实际情况，选择适当数字来判断下列陈述句与贵企业客观情况的符合程度。"1"表示"完全不同意"，"5"表示"完全同意"，请在表格后列写上相应的数字。

企业生态化成长绩效（1＝完全不同意；2＝基本不同意；3＝不能确定；4＝基本同意；5＝完全同意）	
1. 企业对资源的利用效率有明显提高	
2. 企业环境污染物的排放有明显降低	
3. 企业周边环境得到改善	
4. 企业降低了生产环节的资源投入成本	
5. 企业降低了废弃物处理费和排污费	
6. 企业减少了环境和安全事故罚款	
7. 与主要竞争者相比，企业过去三年员工数量增长更快	
8. 与主要竞争者相比，企业过去三年主营业务销售额增长率更高	
9. 与主要竞争者相比，企业过去三年利润增长率更高	
10. 与主要竞争者相比，企业过去三年市场份额增长更快	
11. 企业提供了更多的就业岗位	
12. 企业带动了更多农户增收	

再次感谢您在百忙之中抽出时间回答问卷！

参 考 文 献

[1] 梁荣. 论农业产业 [J]. 岭南学刊, 1997 (1): 27 – 32.

[2] 杜金沛. 论农业企业科技创新政策中的主要弊端及其不良后果 [J]. 科学管理研究, 2011 (2): 12 – 15.

[3] 赫修贵. 生态农业是中国发展现代农业的主导 [J]. 理论探讨, 2014, 6 (181): 89 – 92.

[4] 王素君. 对中国农业企业核心能力培育问题的思考 [J]. 经济问题探索, 2004 (1): 32 – 35.

[5] 夏英, 牛若峰. 农业企业经营机制转换和战略管理 [M]. 北京: 中国农业科学技术出版社, 2004.

[6] 朱卫鸿. 农业企业技术创新能力探析 [J]. 农业经济, 2007 (6): 46 – 48.

[7] 张胜荣, 吴声怡. 农业企业社会责任的特殊性及实现路径 [J]. 江苏农业科学, 2013, 1 (41): 418 – 420.

[8] 刘现武. 我国农业上市公司并购动因及特点分析 [J]. 农业技术经济, 2003 (4): 19 – 22.

[9] 马少华, 欧晓明. 农业企业社会责任、企业声誉与竞争力研究——基于上市公司的经验数据 [J]. 经济与管理, 2014, 28 (4): 50 – 55.

[10] 王学林. 农业产业化龙头企业的认定及其性质思考 [J]. 经济问题, 2005 (9): 44 – 46.

[11] 谭静. 农业产业化研究进展综述 [J]. 中国农村经济, 1991 (10): 33 – 39.

[12] 尹成杰. 关于农业产业化经营的思考 [J]. 管理世界, 2002

（4）：1 - 6.

[13] 王贵元，郑杰. 农业产业化龙头企业的培育对策 [J]. 农村经济，2006 (7)：42 - 43.

[14] 范黎波，马聪聪，马晓婕. 多元化、政府补贴与农业企业绩效 [J]. 农业经济问题，2012 (11)：83 - 90.

[15] 贾伟，秦富. 农业企业绩效影响因素实证分析 [J]. 西北农林科技大学学报（社会科学版），2013，13 (5)：92 - 97.

[16] 马少华，欧晓明. 农业企业的内涵研究：一个不可忽视的话题 [J]. 农村经济，2013 (6)：50 - 53.

[17] 姜俊. 我国农业企业的社会责任、创新与财务绩效的互动影响 [J]. 自然辩证法，2009，25 (11)：96 - 101.

[18] 王维，张学鹏. 企业成长能力与成长绩效协同关系研究——基于农业上市公司样本数据 [J]. 财会通讯，2013 (6)：47 - 50.

[19] 桑培光. 浅议基于资源视角农业企业成长问题研究 [J]. 企业导报，2013 (10)：94 - 95.

[20] 唐丽娟，袁芸. 论环境规制对农业企业竞争力的影响及传导机制 [J]. 农村经济，2014 (2)：31 - 34.

[21] 李立群，工礼力. 关系资源对农业企业经营绩效的影响 [J]. 贵州农业科学，2015，43 (1)：203 - 207.

[22] 陆建飞，刘锋. 可持续发展框架中企业"生态化"初探 [J]. 南京林业大学学报，2000 (1)：31 - 33.

[23] 陈浩. 生态企业与企业生态化机制的建立 [J]. 管理世界，2003 (2)：99 - 104.

[24] 魏光兴. 论管理学融合生态学的三个层次 [J]. 科技管理研究，2005 (5)：119 - 122.

[25] 杨永芳，胡良民. 我国企业生态化建设的问题及其发展思路 [J]. 辽宁师范大学学报（自然科学版），2005，28 (4)：492 - 494.

[26] 李京文，任海英，赵立祥，李鹏. 企业生态化的动态评价指标及其分析 [J]. 数量经济技术经济研究，2005 (12)：16 - 21.

[27] 刘国华, 邢丽娜. 中小企业生态化与非生态化生产方式的损益研究 [J]. 经济问题, 2006 (12): 12-14.

[28] 张成考. 基于 AHP 法企业生态化水平的模糊综合评价 [J]. 科技管理研究, 2006 (7): 59-62.

[29] 徐建中, 马瑞先. 企业生态化发展的动力机制模型研究 [J]. 生产力研究, 2007 (17): 116-168.

[30] 孙晓伟. 论企业生态化的制度安排与路径选择 [J]. 企业经济, 2010 (6): 53-56.

[31] 亚当·斯密. 国民财富的性质及其原因的研究 [M]. 北京: 商务印书馆, 1997.

[32] 马歇尔. 经济学原理 [M]. 北京: 商务印书馆, 1997.

[33] 杨杜. 企业成长论 [M]. 北京: 中国人民大学出版社, 1996.

[34] 赵晓. 企业成长理论研究 [D]. 北京大学博士学位论文, 1999.

[35] 贾生华, 邬爱其. 企业成长的知识结构模型及其启示 [J]. 科研管理, 2003, 24 (2): 83-88.

[36] 张明, 许晓明. 转轨经济中制约企业成长的四维模型初探 [J]. 上海管理科学, 2005 (4): 28-30.

[37] 高小玲, 黎江. 企业成长理论的拓展模型: 动态 "能力—战略—绩效" 范式 [J]. 生产力研究, 2008 (19): 143-171.

[38] 张玉利. 企业成长的非对称性问题 [J]. 首都经济贸易大学学报, 2004 (6): 13-16.

[39] 宋克勤. 企业成长的特征 [J]. 当代经理人, 2004 (8): 54-55.

[40] 杨蕙馨, 王胡峰. 国有企业高层管理人员激励与企业绩效实证研究 [J]. 南开经济研究, 2006 (4): 82-97.

[41] 廖卫东. 我国生态领域产权市场的优化——以自然资源产权与排污权为例 [J]. 当代财经, 2003, 221 (4): 25-29.

[42] 沈红波, 谢越, 陈峥嵘. 企业的环境保护、社会责任及其市场效应——基于紫金矿业环境污染事件的案例研究 [J]. 中国工业经济,

2012 (1): 141 – 151.

[43] 曾庆芬. 农业的弱质性与弱势性辨析 [J]. 云南社会科学, 2007 (6): 94 – 97.

[44] 卢凤君, 张琳, 吴敬学, 毛世平. 涉农企业竞争力评价的难点问题及解决途径 [J]. 农业经济问题, 2005 (增刊): 75 – 80.

[45] 张蓓, 黄志平, 文晓巍. 营销刺激、心理反应与有机蔬菜消费者购买意愿和行为 [J]. 农业技术经济, 2014 (2): 47 – 56.

[46] 周立群, 曹利群. 商品契约优于要素契约——以农业产业化经营中的契约选择为例 [J]. 经济研究, 2002 (1): 14 – 19.

[47] 畅小艳, 白福萍, 张勇宁. 关于农业产业化经营中龙头企业与农户关系的几点思考 [J]. 农村经济, 2003 (3): 28 – 30.

[48] 李文华, 刘某承, 闵庆文. 中国生态农业的发展与展望 [J]. 资源科学, 2010, 32 (6): 1015 – 1021.

[49] 叶谦吉. 生态农业 [M]. 重庆: 重庆出版社, 1988.

[50] 檀学文. 现代农业、后现代农业与生态农业 [J]. 中国农村经济, 2010 (2): 92 – 95.

[51] 李文. 关于我国生态农业发展的几点思考 [J]. 农村经济, 2014 (7): 45 – 46.

[52] 李世泰. 生态农业产业化的发展途径选择——以烟台市为例 [J]. 生态经济, 2006 (5): 164 – 167.

[53] 汪虹, 王丽玲, 刘玉珍. 生态农业产业化是现代农业发展的必然选择 [J]. 农业经济, 2015 (4): 66 – 67.

[54] 王跃生. 家庭责任制、农户行为与农业中的环境生态问题 [J]. 北京大学学报 (哲学社会科学版), 1999, 3 (36): 45 – 51.

[55] 田晓菁. 绿色壁垒对我国农产品出口的影响及对策 [J]. 开发研究, 2007 (2): 46 – 50.

[56] 王启云. 从战略高度认识和发展我国生态农业 [J]. 湘潭大学学报 (哲学社会科学版), 2008, 32 (1): 60 – 64.

[57] 王素芹. 绿色壁垒对我国农产品贸易的影响及对策 [J]. 中州

=7=7=7=7

学刊，2008，165（3）：65-67.

[58] 丁长琴. 农产品绿色贸易壁垒的影响及对策探析 [J]. 农业经济问题，2010（5）：96-98.

[59] 芮明杰，李想. 差异化、成本领先和价值创新——企业竞争优势的一个经济学解释 [J]. 财经问题研究，2007，278（1）：37-44.

[60] 温兴琦. 企业战略与环境的适应性：一个复杂适应系统的视角 [J]. 武汉理工大学学报（社会科学版），2005（04）：519-522.

[61] 罗珉. 战略选择论的起源、发展与复杂性范式 [J]. 外国经济与管理，2006，28（1）：9-16.

[62] 唐孝文，刘敦虎，肖进. 动态能力视角下的战略转型过程机理研究 [J]. 科研管理，2015，36（1）：90-96.

[63] 章先华，谢凡荣，贾仁安. 农业企业社会环保责任的博弈分析 [J]. 企业经济，2012，11（387）：20-24.

[64] 唐健雄. 企业战略转型能力研究 [M]. 长沙：湖南人民出版社，2010：74-82.

[65] 刘巍，乔忠. 农业企业发展新思路——供应链管理 [J]. 农村经济，2003（7）：7-9.

[66] 魏江. 企业集群创新网络的知识溢出效应分析 [J]. 科研管理，2003，24（4）：54-60.

[67] 张聪群. 论产业集群的本质、特征及其结构 [J]. 学习与探索，2007，171（4）：142-146.

[68] 孙凌宇. 资源型企业绿色转型成长研究 [D]. 长沙：中南大学商学院，2012：95-101.

[69] 杨景岩，李凯飞. 技术创新——企业成长的动力 [J]. 经济与管理研究，2006（7）：64-68.

[70] 董颖. 企业生态创新的机理研究 [D]. 杭州：浙江大学，2011.

[71] 胡宗良. 企业创新的本质是价值创造 [J]. 经济纵横，2007（1）：68-70.

［72］朱卫鸿. 农业企业技术创新能力探析［J］. 农业经济，2007
（6）：46 - 48.

［73］刘志坚. 基于产业集群的企业生态网络研究［J］. 经济与管理
研究，2006（1）：61 - 64.

［74］范明，汤学俊. 企业可持续成长的自组织研究——一个一般框架
及其对中国企业可持续成长的应用分析［J］. 管理世界. 2004（10）：107 -
113.

［75］李宇凯. 资源型企业可持续成长能力评价研究［D］. 北京：中
国地质大学，2010.

［76］王核成. 基于动态能力观的企业争力及其演化研究［D］. 杭
州：浙江大学，2005.

［77］李允尧. 企业成长能力研究［D］. 长沙：中南大学商学院，
2007：60 - 65.

［78］计东亚. 创业企业成长能力研究［D］. 杭州：浙江工商大学，
2012.

［79］张叶涵. 非市场资源、战略能力与企业绩效关系研究——基于
动态杯境的视角［D］. 上海：复旦大学，2012.

［80］任胜钢. 企业网络能力结构的测评及其对企业创新绩效的影响
机制研究［J］. 南开管理评论，2010，13（1）：69 - 80.

［81］魏江，许庆瑞. 企业创新能力的概念、结构、度量与评价［J］.
科学管理研究，1995，13（5）：50 - 55.

［82］冉龙. 企业网络能力、创新结构与复杂产品系统创新绩效关系
研究［D］. 杭州：浙江大学，2013.

［83］李金明. 企业创新能力的分析模型［J］. 东华大学学报（自然
科学版），2001，27（2）：27 - 30.

［84］陈维亚. 变革型领导对企业创新能力影响之研究［D］. 上海：
东华大学，2010.

［85］胡赛全，詹正茂，钱悦，刘茜. 企业创新文化、战略能力对创
业导向的影响研究［J］. 科研管理，2014，35（10）：107 - 113.

[86] 庞鹏, 揭筱纹. 从发展的视角看中小企业战略能力 [J]. 贵州社会科学, 2009, 233 (5): 54-57.

[87] 丁宇, 王卫江, 李文胜, 刘正刚. 创新型企业文化对企业成长的影响: 战略能力的中介作用——以新疆科技型中小企业为例 [J]. 科技与经济, 2015 (2): 31-35.

[88] 杨斌, 赵长轶, 揭筱纹. 战略能力多维度解构研究 [J]. 科学学与科学技术管理, 2007 (7): 152-156.

[89] 林忠, 韵江. 基于小企业的战略能力演化分析和规划方法构建 [J]. 经济社会体制比较, 2006, 128 (6): 119-123.

[90] 勾丽. 产业集群背景下企业关键资源、战略能力与成长绩效的关系研究 [D]. 杭州: 浙江大学, 2010.

[91] 徐金发, 许强, 王勇. 企业的网络能力剖析 [J]. 外国经济与管理, 2001, 23 (11): 21-25.

[92] 韵江, 马文甲, 陈丽. 开放度与网络能力对创新绩效的交互影响研究 [J]. 科研管理, 2012, 33 (7): 8-15.

[93] 范钧, 郭立强, 聂津君. 网络能力、组织隐性知识获取与突破性创新绩效 [J]. 科研管理, 2014, 35 (1): 16-24.

[94] 何亚琼, 秦沛, 苏竣. 网络关系对中小企业创新能力影响研究 [J]. 管理科学, 2005, 18 (6): 5-23.

[95] 禹海慧. 社会网络、知识资本与企业创新能力的关系研究 [J]. 湖南社会科学, 2015 (2): 147-150.

[96] 郑季良, 邹平. 对企业环境绩效的思考 [J]. 生态经济, 2005 (10): 109-119.

[97] 杨东宁, 周长辉. 企业环境绩效与经济绩效前动态关系模型 [J]. 中国工业经济, 2004, 4 (4): 43-50.

[98] 崔海云, 施建军. 协同创新、承诺与农业龙头企业绩效关系的实证研究——基于京津冀地区农业龙头企业的调研 [J]. 现代管理科学, 2013 (11): 3-5.

[99] 崔宝玉, 刘学. 政府财税扶持、企业异质性与经营绩效——来

自 482 家国家级农业龙头企业的经验证据 [J]. 经济管理，2014，36 (10)：11 - 23.

[100] 王鹏耀，刘延平. 价值网模式下网络能力对企业绩效的影响 [J]. 求实，2010 (2)：117 - 118.

[101] 冯文娜. 外部网络对中小企业成长的贡献分析——来自济南中小软件企业的证据 [J]. 山东大学学报哲学社会科学版，2009 (5)：36 - 44.

[102] 马鸿佳，董保宝，葛宝山. 高科技企业网络能力、信息获取与企业绩效关系实证研究 [J]. 科学学研究，2010 (1)：127 - 132.

[103] 夏冬，程家明. 企业所有权结构对企业创新的影响及其影响机制的研究述评 [J]. 生产力研究，2005 (7)：712 - 715.

[104] 李丹蒙，夏立军. 股权性质、制度环境与上市公司 R&D 强度 [J]. 财经研究，2008 (4)：93 - 104.

[105] 芮明杰，宋亦平. 中国国有企业改革的路径分析——管理创新对中国国有企业改革的意义 [J]. 上海经济研究，2001 (8)：24 - 29.

[106] 洪怡恬. 银企和政企关系、企业所有权性质与融资约束 [J]. 宏观经济研究，2014 (9)：115 - 125.

[107] 陈佳贵. 由数量扩张到素质提高的转变：我国工业发展的关键时刻 [J]. 中国国情国力，1998 (1)：6 - 8.

[108] 李业. 企业生命周期的修正模型及思考 [J]. 南方经济，2000 (2)：47 - 50.

[109] 翟红华. 不同规模企业技术创新模式的比较 [J]. 企业经济，2004，285 (5)：75 - 77.

[110] 任浩，刘石兰. 基于战略的组织结构设计 [J]. 科学学与科学技术管理，2005 (8)：123 - 126.

[111] 陈李明，杨志锐. 农业龙头企业人力资源开发研究 [J]. 广东农业科学，2010 (7)：370 - 371.

[112] 吴昊，孙健敏. 学习型组织与组织创新关系的实证研究 [J]. 研究与发展管理，2014，26 (2)：1 - 8.

［113］ ［法］萨伊. 政治经济学概论［M］. 北京：商务印书馆，1963.

［114］ 贾生华，陈宏辉. 利益相关者的界定方法述评［J］. 外国经济与管理，2002，24（5）：13－18.

［115］ 杨静，施建军，李曼，刘健. 绿色战略如何影响企业绩效——基于转型经济情境的研究［J］. 科学学与科学技术管理，2013，34（7）：142－149.

［116］ 张文松. 企业战略能力研究［M］. 北京：科学出版社，2005.

［117］ Pratima Bansal, Kendall Roth. Why Companies Go Green：A Model of Ecological Responsiveness［J］. The Academy of Management Journal, 2000, 43（4）：717－736.

［118］ Lee S－Y, Rhee S－K. The change in corporate environmental strategies：A longitudinal empirical study［J］. Management Decision 2007, 45（2）：196－216.

［119］ Vredenburg, H., & Westley, F. Environmental leadership in three contexts：Managing for global competitiveness［J］. Proceedings of the International Association of Business and Society, 1993：495－500.

［120］ Buchholz, R. A. Corporate responsibility and the good society：From economics to ecology；factors which influence corporate policy decisions［J］. Business Horizons, 1991, 34（4）：1－19.

［121］ Starik, M. Should trees have managerial standing? Toward stakeholder status for non-human nature［J］. Journal of Business Ethics, 1995（14）：207－217.

［122］ Berry, M. A., & Rondinelli, D. A. Proactive corporate environmental management：A new industrial revolution［J］. Academy of Management Executive, 1998, 12（2）：1－13.

［123］ Cordano, M. Making the natural connection：Justifying investment in environmental innovation［J］. Proceedings of the International Association for Business and Society, 1993：530－537.

[124] Bonifant, B. C., Arnold, M. B., & Long, F. J. Gaining competitive advantage through environmental investments [J]. Business Horizons, 1995, 38 (4): 37 -47.

[125] Shrivastava, P. The role of corporations in achieving ecological sustainability [J]. Academy of Management Review, 1995 (20): 936 -960.

[126] Lawrence, A. T., & Morell, D. Leading-edge environmental management: Motivation, opportunity, resources, and processes. In D. Collins & M. Starik (Eds.), Research in corporate social performance and policy, 1995: 99 -126.

[127] Winn, M. Corporatel eadership and policies for the natural environment. In D. Collins & M. Starik (Eds.), Research in corporate social performance and policy, supplement 1995 (1): 127 -161.

[128] Porter M. E. Van Der Linder V. C. Green and Competitive [J]. Harvard Business Review, 1991 (9 -10): 120 -134.

[129] Shrivastava P. Environmengtal Technologies and Competitive Advantage [J]. Strategic Management Journal, 1995 (16): 183 -200.

[130] Hart S. L. A Natural - Resource-based View of the Firm [J]. Academy of Management Review, 1995 (20): 986 -1014.

[131] Walley N, Whitehead B. It's not easy being green [J]. Harvard Business Review, 1994, 72 (3): 46 -52.

[132] Schaltegger, S., Synnestvedt, T. The link between "green" and economic success: Environmental management as the crucialtrigger between environmental and economic performance [J]. Journal of Environmental Management, 2002 (65): 339 -346.

[133] Newton T, Harte G. Green business: Technicist Kitsch? Journal of Management Studies, 1997, 34 (1): 75 -98.

[134] Wagner, M., Schaltegger, S. How does sustainability performance relate to and business competitiveness? [J]. Greener Management International, 2003 (44): 5 -16.

［135］ Wagner, M. , & Schaltegger, S. The effect of corporate environ-mental strategy choice and environmental performance on competitiveness and economic performance. An empirical analysis in EU manufacturing ［J］. Europe-an Management Journal, 2004, 22（5）: 557 – 572.

［136］ Adam, C. , Zutshi, A. Corporate social responsibility: Why busi-ness should act responsibly and be accountable ［J］. Australian Accounting Re-view, 2004, 14（3）: 31 – 39.

［137］ Russo MV, Fouts PA. A resource-based perspective on corporate environmental performance and profitability ［J］. Academy of Management Jour-nal, 1997, 40（3）: 534 – 559.

［138］ Coase R. H. : The Nature of the Firm ［J］. E conom ica, 1937（4）: 386 – 405.

［139］ Williamson O. E. Market and Hierarchies: Analysis and Anti – Trust Implications ［M］. New York: Free Press, 1975.

［140］ Porter M. E. : Com petitive Stra tegy ［M］. New York: Free Press, 1980.

［141］ Penrose, E. . The Theory of the Growth of the Firm ［M］. New York, John wiley, 1959.

［142］ Wernerfelt, B. A Resource-based View of the Firm ［J］. Strategy Management Journal, 1984（2）: 171 – 180.

［143］ Barney, J. B. Firm Resources and Sustained Competitive Advantage ［J］. Journal of Management, 1991（17）: 99 – 120.

［144］ Prahalad C. K. , Hamel I. G. The Core Competence of the Corpora-tion ［J］. Harvard Business Review, 1990（May – June）: 79 – 91.

［145］ Teece D. , Pisano G. , Shuen A. . Dynamic Capabilities and Strate-gic Management ［J］. Strategic Management Joumal, 1997, 18（7）: 509 – 533.

［146］ Nelson R. , W inter S. An evolutionary theory of economic change ［M］. Cambridge: Harvard University Press, 1982.

[147] Metalfe, J. S. Evolutionary Economics and Creative Destruction [M]. London: Routledge, 1999.

[148] Prahalad C. K. , Hamel G. The core competence of the corporation [J]. Harvand Business Review, 1990, 5 (6): 79 –93.

[149] Ken Kusunoki, Ikujiro Nonaka and Akiya Nagata. Organizational Capabilities in Product Development of Japanese Firms: A Conceptual Framework and Empirical Findings [J]. Organization Science, 1998, 9 (6): 699 – 718.

[150] Eisenhardt KM, Martin JA. Dynamic Capabilities: What are They? [J]. Strategic Management Journal (Special Issue), 2000, 21 (10 – 11): 1105 – 1121.

[151] Zollo M. , G Winter. Deliberate Learning and the Evolution of Dynamic Capabilities [J]. Organization Science, 2002, 13 (3): 339 –350.

[152] Helfat & Peteraf. The Dynamic Resource-based View: Capability Lifecycles [J]. Strategic Management Journal, 2003, 10 (24): 997 –1010.

[153] Conner K. R, Prahalad C. K. A resource-based theory of the firm: Knowledge versus opportunism [J]. Organization Science, 1996 (9 – 10): 477 –501.

[154] Grant, R M. Toward a knowledge-based theory of the firm [J]. Strategic Management Journal, 1996 (17): 109 –122.

[155] Eisenhardt K M, Martin J A. Dynamic capabilities: What are they? [J]. Strategic Management Journal, 2000, 21 (11): 1105 –1121.

[156] O'Reilly Ⅲ C A, Tushman, M. Ambidexterity as a dynamic capability: Resolving the innovator's dilemma [J]. Research in Organizational Behavior, 2008, 28 (1): 185 –206.

[157] Wu L Y. Applicability of the resource-based and dynamic-capability views under environmental volatility [J]. Journal of Business Research, 2010, 63 (1): 27 –31.

[158] Hakansson H. Industrial technological development: A network ap-

proach [M]. London: Croom Helm, 1987.

[159] Ritter T. A Framework for Analyzing Interconnectedness of Relation-ships [J]. Industrial Marketing Management, 2000 (29): 317 –326.

[160] Walter A, Auer M. The Impact of Network Capabilities and Entre-preneurial orientation on University Spin-off perfonnance [J]. Journal of Busi-ness Venturing, 2006 (2): 541 –567.

[161] Argyris C, Schon D A. Organizational Learning: A Theory of Ac-tion Perspective [M]. Reading, MA: Addison – Wesley, 1978.

[162] Nonaka I, Takeuchi H. The Knowledge Creating Company: How Japanese Companies Create the Dynamics of Innovation [M]. (New York) Oxford: Oxford University Press, 1995.

[163] Dooky. K. A Complex Adaptive System Model of Organization [J]. Nonlinear Dynamics. Psychology and Life Science, 1997, 1 (1): 69 –97.

[164] Leoncini, R. , Montresor, S and Vertova, G. Dynamic capabili-ties: evolving organizations in evolving (technological) systems, working Pa-per University of Bergamo, Department of Economics, 2003.

[165] Ralph D. Stacey and et al. Complexity and Management [M]. Routled.

[166] Green, K. , Morton, B. and New, S. "Green purchasing and sup-ply policies: do they improve companies'environmental performance?" [J]. Sup-ply Chain Management: An International Journal. 1998, 3 (2): pp. 89 –95.

[167] Hines, F. and Johns, R. "Environmental supply chain manage-ment: evaluating the use of environmental mentoring through supply chains", pa-per presented at the Greening of Industry Network Conference, 2001, Bangkok.

[168] Handelman, J. M. , & Arnold, S. J. The role of marketing actions with a social dimension: Appeals to the institutional environment [J]. Journal of Marketing, 1999 (63): 33 –48.

[169] Menon, A. , & Menon, A. Enviropreneurial Marketing Strategy: The Emergence of Corporate Environmentalism as Market Strategy [J]. Journal

of Marketing, 1997, 61 (1): 51 – 67.

[170] Hing Kai Chan, Hongwei He, William Y. C. Wang. Green marketing and its impact on supply chain management in industrial markets [J]. Industrial Marketing Management. 2012 (41): 557 – 562.

[171] Danny Miller, Peter H. Friesen, . Innovation in Conservative and Entrepreneurial Firms: Two Models of Strategic Momentum [J]. Strategic Management Journal, 1982, 3 (1): 1 – 25.

[172] Pfeffer J. and Salancik G. R.. The external control of organization: A resource dependence perspective [M]. New York: Harper&Row, 1978.

[173] Teece, G. Pisano, A. Shuen. Dynamic Capabilities and Strategic Management. Journal of Strategic Management, 1997 (18): 509 – 533.

[174] Hult, G. T. M. , & Ketchen, D. J. Does market orientation matter?: A test of the relationship between positional advantages and performance [J]. Strategic Management Journal, 2001 (22): 899 – 906.

[175] Brendan D. Bannister and Richard B. Higgins. Strategic Capability, Corporate Communications And Strategic Credibility [J]. Journal of Managerial Issues, Vol. 5, No. 1 (Spring 1993), pp. 92 – 108.

[176] Day, G. S. Market driven strategy: Processes for creating value. New York: Free Press, 1990: 124 – 126.

[177] Prahalad, C. K. Developing strategic capability: An agenda for top management [J]. Human Resource Management, 1983, 22 (3): 237 – 254.

[178] Lerner, M. , Almor, T. Relationships among strategic capabilities and the performance of women-owned small ventures [J]. Journal of Small Business Management, 2002, 40 (2): 109 – 125.

[179] Hakansson H.. Understanding Business Markets [M]. New York: Croom Helm, 1987.

[180] MÖller K. , Halinen A. Business Relationships and Networks: Managerial Challenge of Network Era [J]. Industrial Marketing Management, 1999, 28 (5): 413 – 427.

[181] Kristian, M. , Senja, S. Managing Strategic Nets: A Capability Perspective. Marketing Theory [J]. 2003, 3 (2): 209 – 234.

[182] Ritter T. A Framework for Analyzing Interconnectedness of Relationship [J]. Industrial Marketing Management, 2000, 29 (4): 317 – 326.

[183] Mu J, Benedetto A D. Networking Capability and new product development [J]. Engineering Management, IEEE Transactions on, 2012, 59 (1): 4 – 19.

[184] Gilsing, V. , Nooteboom, B. Density and Strength of Ties Innovation Networks: An analysis of Multimedia and Biotechnology [J]. European Management Review, 2005 (2): 179 – 197.

[185] Walter A, Auer M, Ritter T. The impact of network capabilities and entrepreneurial orientation on university spin-off performance [J]. Journal of Business Venturing, 2006, 21 (4): 541 – 567.

[186] David G. Sirmon, Michael A. Hitt, R. , Duane Ireland. Managing Firm Resources in Dynamic Environments to Create Value: Looking inside the Black Box [J]. Academy of Management Review, 2007, 21 (32): 273 – 292.

[187] Hurley R. F. , Hult G. T. M. Innovation, market orientation, and organizational learning: An integration and empirical examination [J]. Journal of Marketing, 1998 (62): 42 – 54.

[188] Ireland R. D. , Hitt M. A. , Camp M. , Sexton D. L. Integrating entrepreneurship and strategic management actions to create firm wealth [J]. Academy of Management Executive, 2001, 15 (1): 49 – 63.

[189] Burgelman R. A. Corporate Entrepreneurship and Strategic Management: Insights from a Process Study [J]. Management Science, 1993 (29): 1349 – 1364.

[190] Stieglitz, N. , & Heine, K. Innovations and the role of complementarities in a strategic theory of the firm [J]. Strategic Management Journal, 2007, 28 (1): 1 – 15.

［191］ KlassenR. D. , Mclaughlin C. P. The Impact of Environmental Management on Firm Performance ［J］. Management Science, 1996 (42): 1199 – 1214.

［192］ Poter M. E. , Van der Linde C. Green and Competitive: Ending the Stalemate ［J］. Harvard Business Review, 1995, 73 (5): 120 – 134.

［193］ Russo M. V. , Fouts P. A. A Resource-based Perspective on Coporate Environmental Performance and Profitability ［J］. Academy of Management Journal, 1997 (40): 534-559.

［194］ Walley N. , Whitehead B. It's not Easy being Green ［J］. Harvard Business Review, 1994, 72 (3): 171 – 180.

［195］ Stanwick P. A. , Stanwick S. D. The Relationship between Corporate Social Performance and Organizational Size, Financial Performance, and Environmental Performance: An Empirical Examination ［J］. Journal of Business Ethics, 1998, 17 (2): 195 – 204.

［196］ Daniel, E. M. , Wilson, H. N. . The Role of Dynamic Capabilities in E-business Transformation. European Journal of Information Systems, 2003 (12): 282.

［197］ Zott, C. . Dynamic Capabilities and the Emergence of Industry Differential Firm Performance: Insights from A Simulation Study ［J］. Strategic Management Journal, 2003 (24): 97.

［198］ Darnall, Edwards. Predicting the Cost of Environmental Management System Adoption: The Role of Capabilities, Resources and Ownership Structure ［J］. Strategic Management Journal, 2006, 27 (4): 301 – 320.

［199］ Moliterno, Wiersema. Firm Performance, Rent Appropriation, and the Strategic Resource Divestment Capability ［J］. Strategic Management Journal, 2007, 28 (11): 1065 – 1087.

［200］ Hambrick. Environmental Scanning and Organizational Strategy. Strategic Management Journal, 1982, 3 (2): 159 – 174.

［201］ Kotha, Nair. Strategy and Environment as Determinants of Performance: Evidence from the Japanese Machine Tool Industry [J]. Strategic Management Journal, 1995, 16 (7): 497 – 518.

[202] Miles, Raymond E. ; Snow, Charles C. ; Meyer, Alan D. organizational strategy, structure, and process [J]. Academy of Management Review. Jul78, Vol. 3 Issue 3, 546 – 562.

[203] DeSarbo, Benedetto, Michael Song, Sinha. Revisiting the Miles and Snow Strategic Framework: Uncovering Interrelationships Between Strategic Types, Capabilities, Environmental Uncertainty, and Firm Performance. Strategic Management Journal, 2005, 26 (1): 47 – 74.

[204] Joseph Sarkis. A strategic decision framework for green supply chain management [J]. Journalof Cleaner Production, 2003, 11 (4): 397 – 409.

[205] Contractor F. J. and Lorange P. The growth of alliances in the knowledge-based economy [J]. International Business Review, 2002.

[206] Zaheer A. and Bell G. G. Benefiting from Network Position: Firm Capabilities, Structural Holes, and Performance [J]. Strategic Management Journal, 2005.

[207] Arthurs J. D. and Busenitz L. w. Dynamic Capabilities and Venture Performance: The Effects of Venture Capitalists [J]. Journal of Business Venturing, 2006.

[208] Sarkar M B, Eehambadi R, Harrison J S. Alliance entrepreneurship and firm market performance [J]. Strategic Management Journal, 2001 (22): 701 – 711.

[209] Ziggers GWJ, Henseler. Inter-firm network capability: how it affects buyer-supplier performance [J]. British Food Journal, 2009, 111 (8): 794 – 810.

[210] Allred CR, Fawcett SE, Wallinc, et al. A dynamic collaboration capability as a source of competitive advantage [J]. Decision Science, 2011, 42 (1): 129 – 161.

[211] Porter, M. E. & Van der Linde, C. . Toward a New Conception of

the Environment Competitiveness Relationship [J]. Jotinial of Economic Perspectives, 1995b, 9 (4): 97 – 118.

[212] Sharma, S. & Vredenburg, H. Proactive Corporate Environmental Strategy and the Development of Competitively Valuable Organizational Capabilities [J]. Strategic Management Journal, 1998, 19 (8): 729 –753.

[213] Baneijee, S. B. . Managerial perceptions of corporate enviromnentalism: Interpretations from industry and strategic implications for organizations [J]. Journal of management studies, 2001, 38 (4): 489 – 513.

[214] Liddle B T. Privatization decision and civil engineering project [J]. Journal of Management in Engineering, 1997 (4/5): 73 – 78.

[215] BLACK B. The corporate governance behavior and market value of Russian firms [J]. Emerging Markets Review, 2001 (2): 89 – 108.

[216] Adizes I. Organizational Passages: Diagnosing and Treating Life Cycle Problem of Organizations [J]. Organizationa Dynamics, 1979 (summer): 2 – 25.

[217] Paul A. Pavlou. IT-enabled Dynamic Capabilities in the New Produce Development: Building a Competitive Advantage in the Turbulent Environmcnts [D]. Dovtoral Dissertation, University of Southern Califonia, 2004.

[218] Child, J. Organizational structures, environment, and performance: The role of stratrgic choice [J]. Sociology, 1972 (6): 1 – 22.

[219] Cottrell, T., Nault, B. R., Product variety and firm survival in the microcomputer software industry [J]. Strategic Management Journal, 2004 (25): 1005 – 1025.

[220] Tsai W, Ghoshal S. Social Capital and Value Creation: The Role of Intra-firm Networks [J]. Academy of Management Journal, 1998 (41).

[221] Hossain L. Effect of organizational position and network centrality on project. coordination [J]. International Journal of Project Management, 2009, 27 (7): 680 – 689.

[222] Freeman, R. E. : Strategic Management: A Stakeholder Approach

[J]. Boston, Pitman Press, 1984.

[223] Clarkson MBE: A stakeholder framework for analyzing and evalua-ting corporate social performance [J]. Academy of Management Review, 1995, 20 (1): 92 – 117.

[224] Thomas Donaldson, Lee. E. Preston: The Stakeholder Theory of the Corporstion: Concepts, Evidence and Implication [J]. Academy of Manage-ment Review, 1995, 20 (1): 65 – 91.

[225] Friedman, M., Capitalism and Freedom [D]. Chicago: Univer-sity of Chicago Press, 1962.

[226] Laplante B, Rilstone P. Environmental Inspections and Emissions of thePulp and Paper Industry in Quebec [J]. Journal of Environmental Economics and Management, 1996 (31): 19 – 36.

[227] Gray W B, Deily M E. Compliance and Enforcement: Air Pollution Regulation in the U. S. Steel Industry [J]. Journal of Environmental Economics and Management, 1996 (31): 96 – 111.

[228] Dasgupta S, Laplante B, et al. Inspections, pollution prices, and environmental performance: Evidence from China [J]. Ecological Economics, 2001 (36): 487 – 498.

[229] Lanoie P, Laplante B, et al. Can capital markets create incentives for pollution control? [J]. Ecological Economics, 1998 (26): 31 – 41.

[230] Loureiro M L, Lotade J. Do Fair Trade and Eco-labels in Coffee Wake up the Consumer Conscience? [J]. Ecological Economics, 2005 (53): 129 – 138.

[231] Blackman A, Bannister G J. Community Pressure and Clean Tech-nology in the Informal Sector: An Econometric Analysis of the Adoption of Pro-pane by Traditional Mexican Brickmakers [J]. Journal of Environmental Eco-nomics and Management, 1998 (35): 1 – 21.

[232] Steadman M E, Zimmerer TW, et al. Pressures From Stakeholders Hit Japanese Companies [J]. Long Range Planning, 1995 (28): 29 – 37.

[233] Carroll, A. B. , A three-dimensional conceptual model of corporate social performance, Academy of Management Review, 1979, 4 (4): 497 – 505.

[234] Nelson RR. Why do firms differ, how does it matter? [J]. Strategic Management Journal, 1994, 12 (8): 61 – 75.

[235] Chandler A D. Strategy and Structure [M]. Cambridge, MA: MIT Press, 1962.

[236] Ansoff H I. Corporate Strategy [M]. New York: Mc – Craw Hill Company, 1965.

[237] Andrews K R. The Concept of Corporate Strategy. Homewood, Illinois: Richard D. Irwin, 1971.

[238] Hofer C W. Some Preliminary Research on Patterns of Strategic Behavior [J]. Academy of Management Proceedings, 1973 (8): 46 – 59.

[239] Chaffee E E. Three Models of Strategy [J]. The Academy of Management Review, 1985, 10 (1): 89 – 98.

[240] Freeman J, Barley S R. The Strategic Analysis of Interorganization Relations in Biotechnology [J]. The Strategic Management of Technological Innovation, 1990: 127 – 155.

[241] Hakonsson. H. Industrial Technological Development: A Network Approach [M]. London, 1987.

[242] Grossman M. , Helpman E. Endogenous innovation in the theory of growth [J]. Journal of Economic Perspectives, 1994, 8 (1): 23 – 44.

[243] Peteraf M A. The cornerstones of competitive advantage: A resource-based view [J]. Strategic Management Journal, 1993, 14 (3): 179 – 191.

[244] Oliver C. Sustainable competitive advantage: Combining institutional and resource-based views [J] . Strategic Management Journal, 1997, 18 (8): 697 – 713.

[245] HelfatC E, Raubitschek R S. Product sequencing: Co-evolution of

knowledge, capabilities and products [J]. StrategicManagementJournal, 2000, 21 (10 - 11): 961 - 979.

[246] PeterafM A. The cornerstones of competitive advantage: A resource-based view [J]. Strategic Management Journal, 1993, 14 (3): 179 - 191.

[247] Dmevich P L. Kriauciunas A P. Clarifying the conditions and limits of the contributions of ordinary and dynamic capabilities to relative firm performance [J]. Strategic Management Journal, 2011, 32 (3): 254 - 279.

[248] Huff Rhonda, Kay Reger. A Review of Strategic Process Research [J]. Journal of Management, 1987 (13): 211 - 236.

[249] Nadkarni S. , Narayanan V. K. . Strategic Schemas, Strategic Flexibility and Firm Performance: The Moderating Role of Industry Clockspeed. Strategic Management Journal, 2007, 28 (3): 243 - 270.

[250] Reger R. K. , Palmer T. B. . Managerial Categorization of Competitors: Using Old Maps to Navigate New Environments. Organization Science, 1996, 7 (1): 22 - 39.

[251] Hart S, Dowell G. A natural-resource-based view of the firm: Fifteen years after [J]. Journal of Management, 2011, 37 (5): 1464 - 1479.

[252] Grossman M. , Helpman E. Endogenous innovation in the theory of growth. Journal of Economic Perspectives, 1994, 8 (1): 23 - 44.

[253] Mahoney J T, Pandian J R. The resource_based view within the conversation of strategic management [J]. Strategic Management Journal, 1992 (12): 363 - 380.

后　　记

　　转眼间，读博时光就要接近尾声了，回望这段时光，心中颇为感慨。是的，求学之路是艰辛的，其中不乏挑灯夜战时的疲惫、苦思冥想中的苦闷和理想与现实间的彷徨，然而，求学途中老师们的关怀和教诲，同学们的鼓励与帮助，还有家人的关心与支持，使得原本艰辛的求学之路显得格外地充实和温暖。

　　这一路走来，我要特别感谢我的导师卢福财教授，卢老师用他深厚的理论功底、严谨的治学态度和开阔的研究思维为我开启了通往学术研究的大门，从研究方向的确定到选题、开题再到论文的写作、一再的修改和最后定稿，无一不是在导师悉心指导下完成的，可以说我在求学道路上的每一步都凝结着老师的心血和汗水，衷心地感谢卢老师为我所做的一切，学生将永远铭记于心。同时，我要衷心感谢师母黄晓红老师在我读博期间对我生活上的关心、关怀和鼓励。

　　感谢我博士学习期间的授课老师吴照云教授、李良智教授、胡宇辰教授、杨慧教授、曹元坤教授、王耀德教授、胡大立教授、刘克春教授、毛小兵教授、黄彬云副教授、杨建锋副教授等。你们对专业知识、理论前沿和研究方法的精彩讲授为我顺利完成毕业论文打下了坚实的基础；感谢吴照云教授、李良智教授、胡宇辰教授、胡大立教授、杨慧教授、王耀德教授、张孝锋教授等在我论文写作和修过程中给予的诸多宝贵意见和建议；感谢工商管理学院的胡海波副院长、杨燕老师、王平老师、林岚老师、尹朝华老师长期以来对我的帮助和支持。

　　感谢黄彬云、胡平波、宁亮、蔡文著、梅小安、陈思华、何炜、钟运动、陈小锋、朱文兴、何文章、陈云川、陈露、饶超、张荣鑫等同门师兄弟（姐妹）们对我攻读博士学位期间所给予的帮助和鼓励，特别感谢胡平波师兄和陈思华师兄对本书调研和实证部分提供的指导和帮助；感谢我的同窗好友周学军、赵伟、郭宇、周廷、朱建斌、刘德军、陈露、吴春雅，读博期间我们团结互助、共同奋斗结下深厚友谊，这是我求学路上获得的又一笔巨大财富。

　　最后，我要深深地感谢我的家人，感谢父母在耳顺之年还依然在为我默默地付出，你们日渐增多的白发和温暖的笑容时常让我陷入深深的愧疚和莫名的感动；感谢爱人一直以来对我的理解、支持和宽容，你的鼓励和陪伴增添了我面对任何困难都无所畏惧的信心；感谢我女儿在我枯燥烦闷的写作过程中给我带来的无尽欢乐，你是上天赐给我最美好的礼物。永远爱你们！

王　鑫

2015 年 10 月 7 日蛟桥园